Martin K.W. Schweer

Vertrauen – Selbstvertrauen – Gottvertrauen

Martin K. W. Schweer

Vertrauen – Selbstvertrauen – Gottvertrauen

Ressourcen der Auseinandersetzung mit einer komplexen Wirklichkeit

Frank & Timme
Verlag für wissenschaftliche Literatur

Umschlagabbildung © mbolina – stock.adobe.com

ISBN 978-3-7329-0706-9
ISBN E-Book 978-3-7329-9272-0

Herstellung durch Frank & Timme GmbH,
Wittelsbacherstraße 27a, 10707 Berlin.
Printed in Germany.
Gedruckt auf säurefreiem, alterungsbeständigem Papier.

www.frank-timme.de

DANK

Ich danke dem Verlag Frank & Timme für die vertrauensvolle und konstruktive Zusammenarbeit.

Ein besonderer Dank gilt meinen wiss. Mitarbeitern Robert Lachner und Philipp Ziro für ihre wertvollen Hinweise und ihre redaktionelle Unterstützung im Zuge der finalen Manuskripterstellung.

Ich widme dieses Buch meiner Mutter, die vor wenigen Wochen im Alter von 92 Jahren verstorben ist. All das Positive und Ermutigende, was ich in meinen Ausführungen beschreibe, hat sie gelebt, und sie hat es vor allem ihren Kindern vorgelebt. Sie hat uns Kraft und Mut gegeben, und sie wird weiterhin unseren Lebensweg unterstützend begleiten.

Oberhausen, im Sommer 2020
Martin K.W. Schweer

INHALT

Gedanken zu Vertrauen – aus einem Roman

Vertrauen ist die Grundvoraussetzung für jede erfolgreiche menschliche Interaktion. Vertrauen in den anderen oder Vertrauen in die eigenen Fähigkeiten … Vertrauen ist das Gefühl, einem Menschen sogar dann glauben zu können, wenn man weiß, dass man an seiner Stelle lügen würde …

***Wir kommen nicht, um Euch darum zu bitten, uns zu vertrauen.
Wir kommen, um Euch einzuladen, dass Ihr auf Euch vertraut …***

Wenn du Kind bist, ist Vertrauen ein Schatzkästchen in deinem Herzen, das dir Sicherheit gibt. Das musst du haben, weil du zu unerfahren und zu schwach bist. Aber vielleicht ist es ja ein Naturgesetz, das fordert, dass das Vertrauen wie eine böse Krankheit ausgetrieben werden muss … Stück für Stück, bis das Schatzkästchen leer ist …

(Grimm, 2017, S. 155f.)

KAPITEL 1
EINFÜHRENDE GEDANKEN

Die Entscheidung, sich der Herausforderung einer weiteren Schrift zum Vertrauensphänomen zu stellen, ist über mehrere Jahre gewachsen. Konkreter Anstoß ist neben den vielfältigen Impulsen in meiner täglichen Arbeit in Lehre, Forschung und Wissenschaftstransfer meine im Jahre 2013 erschiene Schrift *Vertraut Euch!* gewesen, die bis zum heutigen Tag auf breites Interesse stößt, jedoch vor dem Hintergrund der aktuellen Entwicklungen in Wissenschaft und Gesellschaft eine Überarbeitung dringend erforderlich erscheinen ließ.

Das nunmehr vorliegende Werk *Vertrauen – Selbstvertrauen – Gottvertrauen* stellt eine über diese ursprüngliche inhaltliche Substanz deutlich hinausgehende Erweiterung dar, in der ich viele Facetten der neueren Vertrauensforschung integrieren konnte.

Seit über zwanzig Jahren widme ich mich in meiner universitären Arbeit mit Begeisterung und Neugierde den vielschichtigen Spielarten des Vertrauens. Zunächst dem *personalen Vertrauen* in zwischenmenschlichen Beziehungen mit face-to-face Kontakten, also etwa zwischen Eltern und Kindern, Lehrkräften und Schülern[1] oder auch innerhalb von Freundesgruppen oder Mitarbeiterteams. Zwar sind die Untersuchungen zu diesen und weiteren Beziehungskonstellationen mittlerweile deutlich fortgeschritten, dennoch gibt es nach wie vor eine Reihe „blinder“ oder zumindest „unscharfer Flecken“, so haben wir bislang bspw. noch viel zu wenig gesicherte Daten zu dem Stellenwert, welchen das Vertrauen im therapeutischen Prozess zwischen Ärzten und Patienten einnimmt (Weigel, Hanisch, Buia & Hessler, 2017).

Neben dem direkten sozialen Austausch spielt Vertrauen überdies auf *systemischer Ebene* eine wichtige Rolle (Schweer & Thies, 2003) also etwa politisches Vertrauen, Vertrauen in und gegenüber Organisationen der Wirtschaft und Verwaltung oder auch Vertrauen in die mediale Berichterstattung. Über das darüberhinausgehende Phänomen des *transsystemischen Vertrauens* (Vertrauen, welches die Bündelung der gesellschaftlichen Kräfte zur Realisierung komplexer Ziele erfordert, wie es zum Beispiel im Zuge des Klimawandels oder ganz aktuell im Umgang mit dem Corona-Virus der Fall ist) ist die empirische Befundlage noch rar (Schweer & Siebertz-Reckzeh, 2014).

Die zunehmende Digitalisierung im beruflichen und privaten Alltag der Menschen hat überdies neue Interaktionsformen geschaffen, die wiederum mit Fragen des Vertrauens verbunden sind – Vertrauen in die Glaubwürdigkeit

1 Um die bessere Lesbarkeit zu wahren, schließt die Verwendung der männlichen Form die weibliche stets ein.

von Internetanbietern, Vertrauen in onlinebasierte Angebote der öffentlichen Verwaltung, Vertrauen in die Sicherheit von Banking-Verfahren und vieles mehr.

Stets ist bei der Erforschung von Vertrauen im interdisziplinären Diskurs selbstverständlich auch die Option des fehlenden, schwindenden oder sich wiederaufbauenden Vertrauens mitgedacht, zudem die Option des *Misstrauens* als einem verwandten, aber eben doch eigenständigen psychologischen Konstrukt, das als Untersuchungsgegenstand in der jüngeren Vergangenheit verstärkt in den Fokus der wissenschaftlichen Aufmerksamkeit tritt (Schweer & Ziro, 2018).

Die Komponente des *Selbstvertrauens* wird als Persönlichkeitseigenschaft intensiv im Rahmen entwicklungs- und pädagogisch-psychologischer Arbeiten beforscht, dies vorrangig hinsichtlich des Stellenwerts eines erzieherischen Umfeldes, das Kindern bereits im frühen Lebensalter eine sichere Bindung zu den engen Bezugspersonen ermöglicht (Zulauf Logoz, 2012), ferner finden sich gerade *auch* in der differentialpsychologischen Literatur Studien zur Entwicklung und den Korrelaten individuellen Selbstvertrauens (DeBono & Muraven, 2013). Weitaus weniger Aufmerksamkeit ist hingegen bislang dem Zusammenspiel von Vertrauen und Selbstvertrauen geschenkt worden, es wird ein Teil der nachfolgenden Überlegungen in diesem Buch sein.

Auch *Gottvertrauen* als Ressource des Menschen – gerade auch in Hinsicht auf die Bewältigung schwieriger Lebenssituationen – ist im sozialwissenschaftlichen Diskurs bis zum heutigen Tag eher spärlich bearbeitet, die hierzu vorliegenden Überlegungen stammen vorwiegend aus den Wissenschaftsdisziplinen der Theologie und der Philosophie (Dalferth & Peng-Keller, 2012).

Für das Gottvertrauen scheint insofern gerade auch in disziplinärer Hinsicht der Psychologie das zu gelten, was Giffin 1967 zum damaligen Stand der Vertrauensforschung überaus eindrucksvoll festgestellt hat:

Kim Giffin über Vertrauen

Es ist ähnlich wir mit dem Gerede über das Wetter. Alle kennen das Phänomen, nur einige Wenige haben sich damit jedoch fundiert beschäftigt.

(Giffin, 1967, S. 104)

Gerade in einer Zeit jedoch, in der sich die kirchlichen Institutionen in einer gewaltigen Krise befinden, die konfessionellen traditionellen Bindungen in unserer Gesellschaft sich vielerorts aufzulösen scheinen, gleichzeitig aber die Suche nach spirituellen Angeboten außerhalb dieser Bindungen unverändert besteht, stellt sich beinahe zwingend die Frage nach dem Stellenwert des Gottvertrauens in unserer modernen Gesellschaft. Dies auch angesichts der Tatsache, dass sich für uns Menschen mit den bereits angedeuteten Prozessen der Digitalisierung und der Globalisierung, im Zuge des demografischen Wandels und angesichts der Sorge um einen nachhaltigen Umgang mit den vorhandenen Ressourcen nicht nur vielfältige Chancen und Herausforderungen bieten, sondern eben zugleich Sorgen, Unsicherheit und Ängste verbunden sind, die psychologisch bewältigt werden müssen. Der Umgang von Politik, Medien, kirchlichen Institutionen, Interessensvertretungen der sozialen Systeme sowie nicht zuletzt von der Gesellschaft insgesamt in den verschiedenen Stadien der Corona-Krise ist ein aufschlussreiches Spiegelbild ebendieser Prozesse. Je unkontrollierbarer nämlich für Systeme und den Einzelnen der Umgang mit diesen Anforderungen erscheint, umso unbefriedigender ist das subjektive Wohlbefinden, weshalb Mechanismen der Wiederherstellung von Kontrolle über die subjektive Wirklichkeit entsprechend dringlich werden.

Über die Wirksamkeit von Vertrauen als eine solche Überzeugung mit kontrollfördernder Funktion ist im Kontext der interdisziplinären Vertrauensforschung vielfach geforscht worden, diese ist inzwischen hinreichend empirisch fundiert (Schweer, Ziro & Heckel, 2019). Dies gilt jedoch nicht für den spezifischen Aspekt des Gottvertrauens als komplexitätsreduzierendes und damit eben auch kontrollstiftendes Element im Zuge kollektiver und individueller Informationsverarbeitung.

Dabei lässt sich als grundlegende Prämisse aller weiteren Ausführungen verstehen, dass es in der Tradition *konstruktivistischer Ansätze* nicht um die Frage gehen kann, ob überhaupt und inwieweit die subjektive Sicht der Dinge mit einer wie auch immer gearteten objektiven Realität in Einklang steht. Entscheidend für das jeweilige Erleben und Handeln ist nämlich stets „nur“ die von den konkreten Vorerfahrungen, Einstellungen und Überzeugungen geprägte „Brille“, mit der Menschen sich selber sowie ihr Umfeld betrachten und bewerten. Prozesse der sozialen Wahrnehmung sind insofern aktive, konstruktive Vorgänge (Parkinson, 2014), wie auch der folgende Auszug aus einem Kriminalroman der bekannten norwegischen Autorin und ehemaligen Justizministerin ihres Landes, Anne Holt, verdeutlicht:

Gedanken zu Phänomenen der sozialen Wahrnehmung – aus einem Roman

Wenn B auf A folgt, C auf B und D auf C, dann gehen wir davon aus, daß als nächster Buchstabe ein E kommt … Daß A und B und D ganz zufällig hintereinanderkommen, ist ja auch ausgesprochen unwahrscheinlich. Aber ich muss mich doch immer wieder fragen, ob unsere voreingenommene Einstellung zur Reihenfolge der Dinge, zu Konsequenz und Zusammenhang, unter Umständen nicht auch missbraucht werden kann … Je reicher und kompletter ein Bild, eine Situation oder ein Fall sind, umso leichter ist es, überzeugende Schlüsse zu ziehen.

(Holt, 2005, S. 230ff.)

Es gibt also höchst individuelle „Brillen", zudem gibt es „Brillen", die von einer mehr oder minder großen Gruppe kollektiv geteilt werden (also bspw. innerhalb der Familie, des Freundeskreises oder der Arbeitsgruppe). Insofern gibt es in der Betrachtung der Welt (die stets die Betrachtung der eigenen Person einbezieht) tausende und abertausende solcher „Brillen", nichtsdestotrotz sind wir nicht selten geneigt, „blind" davon auszugehen, dass unsere Sicht von der Welt die einzig existierende, zumindest aber die einzig richtige ist. Das nicht nur in der Soziologie berühmt gewordene „Thomas-Theorem" beschreibt die Wirklichkeitskonstruktionen der Menschen wie folgt:

Das „Thomas-Theorem"

If men define situations as real, they are real in their consequences. Wenn Menschen Situationen als wirklich definieren, sind sie in ihren Konsequenzen wirklich.

(Thomas & Thomas, 1928, S. 572)

Diese Form der Auseinandersetzung mit der Wirklichkeit erinnert zwangsläufig an den *kindlichen Egozentrismus*, welchen der Entwicklungspsychologe Jean Piaget so eindrucksvoll mit seinen experimentellen Arbeiten zeigen konnte (Fatke, 2016): Besonders ausgeprägt äußert sich diese Ichbezogenheit bereits bei Säuglingen, da diese nicht einmal ihre eigenen Gliedmaßen als Teile des Körpers wahrnehmen. Im Kleinkindalter dominiert sodann das „aus-den-Augen-aus-dem-Sinn" Prinzip (also die fehlende Realisierung der *Objektper-*

manenz) sowie das mentale Unvermögen zum *Perspektivenwechsel*, weshalb sich etwa in Piagets berühmt gewordenen Drei-Berge-Versuch gezeigt hat, dass diese Kinder eben (noch) nicht nachvollziehen können, dass sich die Wirklichkeit aus verschiedenen Perspektiven heraus betrachtet ganz anders darstellen kann (s. nachfolgende Abb. nach Schweer & Schulte-Pelkum, 2017, S. 53).

Ein klassisches Experiment

Untersuchungsfrage
Wie lässt sich der Egozentrismus von Kindern im präoperationalen Stadium untersuchen?

Methode
In dem sog. Drei-Berge-Versuch hat das Kind ein dreidimensionales Modell vor sich (Tal mit drei Bergen, s. Abb.) und wird gefragt, was bspw. eine Puppe, welche an verschiedene Positionen des Bergmodells gesetzt wird, aus der jeweiligen Perspektive sieht.

Ergebnisse
Kinder im präoperationalen Stadium reagieren egozentrisch, denn sie können kein Bild auswählen, welches die Berg-Konstellation aus der Perspektive der Puppe zeigt. Stattdessen wählen sie immer die Perspektive aus, welche ihrem eigenen Standpunkt entspricht. In Piagets Versuchsaufbau konnten Kinder erst ab einem Alter von ca. sieben Jahren beschreiben, was die Puppe sieht.

Wir alle wissen allerdings, dass *Egozentrismus* (ungeachtet seiner entwicklungspsychologisch begründeten Verankerung in der Ausbildung individueller kognitiver Fähigkeiten) ein Phänomen darstellt, das im Sinne einer geistigen Grundhaltung mitunter stark ausgeprägt im Erwachsenenalter zu beobachten ist. Bei dem einen in stärkerer, bei dem anderen in weniger starker Ausprägung. Sozialisationserfahrungen, die auch die Bereitschaft und Fähigkeit für einen *sensibilisierten Umgang* mit dem eigenen Blick auf die Welt und dem Blick der anderen auf ebendiese einschließt, spielen in dieser Hinsicht eine ganz gravierende Rolle.

Letztendlich resultiert jedoch für einen jeden Menschen eine ganz spezifische und einzigartige Wirklichkeitskonstruktion, die vielleicht mit einer Art mentalem Fingerabdruck vergleichbar ist. Unverwechselbar und ganz individuell ist dieser „mentale Fingerabdruck" der Ausgangspunkt für eigenes Denken, Fühlen und Handeln. Er ist insofern selbstverständlich auch Ausgangspunkt für die Frage der Anbahnung und Ausgestaltung von Vertrauensbeziehungen, handelt es sich nun um solche in der Auseinandersetzung mit einzelnen Personen, sozialen Systemen oder mit Gott als übergeordneter sinnstiftender Instanz.

Wirklichkeitskonstruktion im Verständnis von Immanuel Kant

… alle Erfahrung (empirische Erkenntnis), die innere nicht minder als die äußere, ist nur Erkenntnis der Gegenstände, wie sie uns erscheinen, nicht wie sie sind.

(Kant, 1968 [1798, 1800]; zit. n. Schönecker, 2017, S. 262f.)

KAPITEL 2

FACETTEN DES VERTRAUENS – EINE PSYCHOLOGISCHE ANNÄHERUNG

Vertrauen

Wie mit den allermeisten psychologischen Konstrukten zeigt der Blick auf die wissenschaftliche Forschung, dass ebenso für das Phänomen des Vertrauens eine Vielzahl ganz unterschiedlicher Definitionen, Zugänge und Erklärungskonzepte vorliegen.

Definitorische Annäherungen – ausgewählte Beispiele

Vertrauen resultiert aus bisheriger Erfahrung und der Hoffnung auf das Gute im Menschen. (Schottlaender, 1957, S. 8)

Vertrauen ist der Glaube, dass der andere für einen irgendwann das tut, was man für ihn getan hat.
(Jackson, 1980, zit. nach Petermann, 2013, S. 15)

Interpersonales Vertrauen ist ein sich Stützen auf Informationen, die man von einer anderen Person über unsichere Umweltzustände und deren nachfolgende Konsequenzen in einer riskanten Situation erhalten hat.
(Schlenker, Helm & Tedeschi, 1973, zit. n. Moschner & Schlicht, 2018, S. 184)

Interpersonal trust is defined as an expectancy held by an individual or a group that the word, promise, or verbal or written statement of another individual or group can be relied upon. (Rotter, 1967, S. 652)

Trust is a psychological state comprising the intention to accept vulnerability based upon positive expectations of the intentions or behavior of another. (Rousseau, Sitkin, Burt & Camerer, 1998, S. 395)

Vertrauen ist mit Unsicherheit in zweifacher Weise untrennbar verbunden: Zum einen beinhaltet es Unsicherheit insofern, als erst die Zukunft Gewissheit darüber bringt, ob das Vertrauen gerechtfertigt war und das erwartete Ergebnis eingetreten ist. Zum anderen wird Vertrauen überhaupt erst durch Unsicherheit relevant, die aufgrund der Zukunftsoffenheit allgegenwärtig ist. (Richter, 2017, S. 34)

Generell steht der Begriff des Vertrauens [...] für eine Beschreibung und Erklärung der Genese und der Form von sozialen Verhältnissen unter dem Blickwinkel der Ausgestaltung wechselseitigen Aufeinander-verlassen-Könnens. (Endreß, 2018, S. 487)

Ungeachtet dieser exemplarisch dargestellten unterschiedlichen Schwerpunktsetzungen wird doch das Vertrauensphänomen mehrheitlich als eine *soziale Einstellung* des Menschen begriffen. Vertrauen ist insofern nicht einseitig eine mentale Facette, ein Gefühl oder ein Handlungsmuster, vielmehr findet Vertrauen stets ihren Ausdruck auf diesen drei Ebenen individueller Auseinandersetzung, also im Denken, Fühlen und Verhalten.

Denken

Weil ich ihm vertrauen kann, bin ich mir sicher, von ihm nicht betrogen zu werden.

Fühlen

Weil ich ihm vertrauen kann, fühle ich mich bei meinem Partner geborgen.

Verhalten

Weil ich ihm vertrauen kann, kontrolliere ich seine eingehende Post nicht.

Mit Bezug auf meine eigenen Forschungsarbeiten (u.a. Schweer, 2016; Schweer & Siebertz-Reckzeh, 2016; Schweer, Ziro & Heckel, 2019; für einen umfänglichen Überblick s.a. https://www.uni-vechta.de/paedagogische-psychologie/forschung/) hat sich als eine Art definitorischer Orientierung zum Vertrauensphänomen die subjektive (individuelle oder eben auch innerhalb von Gruppen sozial geteilte) Überzeugung herauskristallisiert, sich in die Hände Dritter begeben zu können. „Dritte" können dabei einerseits konkrete Interaktionspartner sein (etwa der Lebenspartner oder die Ärztin), es können ebenso jedoch Systeme sein, also bspw. eine politische Partei, die Hausbank oder eine soziale Einrichtung. Entscheidend ist in jedem dieser Fälle die *wahrgenommene Sicherheit*, die einen möglichen Schaden für das Individuum gedanklich ausschließt.

Ein ganz entscheidender Punkt dabei ist allerdings im Zuge dieses gedanklichen Ausschlusses: Er erfolgt (zumindest als zugrundeliegender Orientierungsrahmen im Hintergrund) wohlwissend, dass ein solcher Schaden prinzipiell eintreten kann. Wird nämlich von der Person diese Option ignoriert, so liegt *blindes Vertrauen* vor. Blindes Vertrauen verdrängt geradezu mögliche Warnsignale, die sich im Zuge einer Beziehungsgeschichte zu anderen Menschen oder auch gegenüber sozialen Systemen durchaus ergeben können.

Getreu dem Prinzip: „Was nicht sein darf, das ist auch nicht."

Der Mensch sieht dann nur noch das, was er sehen will. Er ist nicht (mehr) offen für das, was er darüber hinaus sehen könnte.

Den in dieser Weise Handelnde trifft insofern eine Enttäuschung logischerweise gänzlich unerwartet. In Fallbeispielen werden erlebte Vertrauensbrüche denn auch oftmals mit Kommentaren wie „es hat mir den Boden unter den Füßen weggezogen", „wie konnte er mir so etwas antun", „mit allem hätte ich gerechnet, aber nicht damit" beschrieben, und die damit einhergehenden psychologischen Folgekosten sind entsprechend hoch.

Menschliche Begegnungen vollziehen sich im Zuge von Beziehungsgeschichten, deren Dauer und Intensität logischerweise deutlich variieren, in der Psychologie spricht man von der *Historizität* der Interaktion (Blumer, 1969; Dausien & Kelle, 2005). In Analogie hierzu lassen sich die Analysen von Beziehungsstörungen verstehen, bei denen der international renommierte Kommunikationsforscher Paul Watzlawick im Rahmen seiner Kommunikationsaxiome (Watzlawick, Beavin & Jackson, 2011) auf die Bedeutung der *Interpunktion von Ereignisfolgen* hinweist – ein Phänomen, das von dem Komiker Loriot in seinen Geschichten eines Ehepaars mit ihren kleinen und weniger kleinen Alltagskonflikten gerne zum Gegenstand gemacht wurde. Als eine wesentliche Quintessenz lässt sich daraus der erhebliche Gewinn für Beziehungsqualitäten und -verläufe ziehen, wenn potenzielle Warnsignale stets mitgedacht, beachtet und darauf reagiert wird, so etwa in Form gesteigerter Aufmerksamkeit oder eines gezielten Nachfragens.

Vertrauen entwickelt sich innerhalb einer Beziehung, es gibt dabei Ausschläge nach oben und nach unten, keinesfalls funktioniert das Erleben von Vertrauen nach einer simplen „on-off"-Alternative. Eine Unterscheidung zwischen Vertrauen und Nicht-Vertrauen wäre demnach viel zu vereinfachend, vielmehr sind stets eine Vielzahl von Intensitätsabstufungen möglich. Ein prototypischer Verlauf einer Vertrauensbeziehung startet dementsprechend mit einem überschaubaren Vertrauensvorschuss, dessen Ergebnis überprüft und bewertet wird, worauf dann ein weiterer, mit einem höheren Risiko behafteter Vorschuss gewährt werden kann. Die Beziehungsgeschichte gestaltet sich, wie in der interdisziplinären Vertrauensforschung hinreichend dargelegt, folgerichtig durch ein realisiertes *Prinzip der kleinen Schritte* (Keuper & Sommerlatte, 2016; Schweer, 2017a), bei dem aber stets zunächst die eine Seite gibt, und die andere Seite nimmt.

Vertrauen basiert also nicht auf Gleichzeitigkeit, sie basiert auf der Bereitschaft eines Akteurs, in Vorleistung zu treten. Gerade im direkten Austausch mit anderen Personen kommt es in der Folge zwingend darauf an, inwieweit diese Vorleistung erkannt und wertgeschätzt wird, daraufhin aber eben auch auf diesen Vorschuss mit einem eigenen Vertrauensbeweis reagiert wird, um eine positive Entwicklung in Gang zu setzen und zu halten.

Die Dynamik einer Vertrauensbeziehung unterliegt insofern dieser Logik des Gebens und Nehmens, einer Logik der zeitversetzten *Wechselseitigkeit*, die für die Gestaltung zwischenmenschlicher Beziehungen grundlegend ist. Beziehungen (zumindest solche von freiwilliger Natur) werden dabei in der Regel nur überlebensfähig sein aufgrund der Erfahrung und der Erwartung, hieraus (zumindest in langfristiger Perspektive) einen hinreichend großen Nutzen für die eigene Person generieren zu können. Dies gilt durchaus in gleicher Weise für solche Beziehungen, die von einem altruistischen, selbstlosen Handeln geprägt scheinen, denn selbstverständlich bleibt „selbstloses" Handeln keineswegs ohne subjektiven Ertrag für den Gebenden, sei es bspw. in Form von Anerkennung, sozialem Status oder entgegengebrachter Zuneigung (Fischer, Jander & Krueger, 2018).

Ansonsten werden sich Menschen aus solchen „unökonomischen" Beziehungen über kurz oder lang „herausstehlen", es sei denn, die verfügbaren Alterativen erscheinen relativ zum Status Quo noch weniger erstrebenswert. Im Rahmen der sozialpsychologischen Forschung sind derartige Phänomene im Kontext sogenannter *Austauschtheorien* (Thibaut & Kelly, 1978; für einen Überblick s.a. Fischer, Jander & Krueger, 2018) ausführlich beschrieben. Anhand der subjektiven Bewertungen von Kosten und Belohnungen formulieren diese Ansätze Hypothesen über Qualität und Fortbestand von Beziehungen. Derartige Hypothesen lassen sich alltagssprachlich bereits aus bekannten Redewendungen wie „eine Hand wäscht die andere", „wie du mir, so ich dir" oder auch „wie man in den Wald hineinruft, so schallt es heraus" erkennen.

Goethes Gedicht „Wie du mir, so ich dir“

Mann mit zugeknöpften Taschen,
Dir tut niemand was zu lieb:
Hand wird nur von Hand gewaschen;
Wenn du nehmen willst, so gib!
(Goethe, 1845, S. 82)

Neben der grundsätzlichen medial inszenierten wie auch medial rezipierten Außendarstellung von Organisationen spielt für das Vertrauenserleben auf systemischer Ebene (bspw. Banken, Parteien, Verbände) das wahrgenommene Vertrauenshandeln der *Repräsentanten* eine hervorgehobene Rolle. Diese Wahrnehmung kann auf dem direkten Kontakt basieren („Wie vertrauenswürdig erscheint mir mein Kundenberater vor Ort?“), sie kann das Ergebnis des „Hörensagens“ über Dritte sein oder eben auch auf Berichte in den Medien zurückgehen.

Je *prototypischer* nun Repräsentanten für ein System wahrgenommen werden, umso bedeutsamer ist die Einschätzung ihrer Vertrauenswürdigkeit für die zugeschriebene Vertrauenswürdigkeit des Systems insgesamt. Ganz im Sinne der subjektiven Bestätigung der persönlichen Weltsicht wendet sich das Individuum dabei bevorzugt solchen Informationsquellen zu, die ein bereits vorhandenes Bild unterstützen. So suchen Menschen den Kontakt zu politisch Gleichgesinnten, sie lesen ausgewählte Tageszeitungen mit einer (angenommenen) politischen Grundausrichtung (und andere Zeitungen eben nicht), sie schauen sich ausgewählte Berichte und Kommentare im Fernsehen oder im Internet an. Mit ihrem eigenen einseitig ausgerichteten Verhalten tragen wir insofern selber zu einem ganz erheblichen Teil dazu bei, welche Personen oder Systeme bei uns überhaupt die Chance erhalten, als vertrauenswürdig wahrgenommen zu werden.

Für den spezifischen Umgang der Bevölkerung mit dem *politischen System* lässt sich sicherlich feststellen, dass positive Bewertungen einzelner Politiker im Vergleich zu der durchgängig eher negativen Bewertung des politischen Establishments insgesamt vielfach als erfreuliche Ausnahme von der kritisierten Regel kognitiv abgespeichert werden. Allerdings geben zu viele Menschen zu leicht(fertig) ihre eigene Verantwortung für das Funktionieren unseres

Gemeinwesens ab, fehlendes Engagement im politischen Raum wird nicht zu Unrecht angemahnt.

Drei Beispiele zur politischen Verantwortung

Es [die Mobilisierung von Wählern im Rahmen der Bundestagswahl 2017 durch die AfD; Anmerkung d. Verf.] zeigt, dass ausgeprägtes Misstrauen nicht (mehr) nur politische Apathie zur Folge haben muss, sondern auch die Wahlergebnisse von rechtspopulistischen und im Kern antidemokratischen Parteien befördern kann. (Bertelsmann Stiftung, 2019, S. 90)

Wenn der Großteil der Befragten die Demokratie und ihre Werte befürwortet, ist das zunächst ein gutes Zeichen, allerdings zeigt gleichzeitig die Hälfte der Befragten beispielsweise Menschenfeindlichkeit gegenüber Asylsuchenden und bis zu einem Drittel illiberale Demokratievorstellungen. Ein Teil der Bevölkerung wird also den eigenen Werten nicht gerecht. (Kommentar zur aktuellen „Mitte-Studie" – https://www.fes.de/forum-berlin/gegen-rechtsextremismus/mitte-studie/; Zick, Küpper & Berghan, 2019)

Parteien müssen es schaffen, die Erwartungen der Bürger zu erfüllen und auf ihre Bedürfnisse mit Problemlösungskompetenz zu reagieren, um der Distanzierung, die sich in einem gestörten Vertrauensverhältnis ausdrückt, entgegenzuwirken. (Bertelsmann Stiftung, 2019, S. 91)

In dem seit 2009 regelmäßig aufgelegten Werte-Index zeigen sich Trendverschiebungen dahingehend, dass das Vertrauen in die Politik und in andere Institutionen nicht nur bei der Gruppe der Jugendlichen sinkt und sich Menschen verstärkt in die Sicherheit und Geborgenheit des Privaten zurückziehen (Wippermann & Krüger, 2018).

Momentan scheint im Zuge der inzwischen deutlich spürbaren Auswirkungen des globalen Klimawandels in einigen Teilen der Gesellschaft, erfreulicherweise gerade auch bei der jüngeren Generation, ein Umdenkprozess in Gang gekommen zu sein, welcher die politischen Instanzen (hoffentlich) zum Handeln herausfordert. Denn weder resignatives Zurückziehen noch eine steigende Attraktivität extremer bzw. populistischer Angebote bieten sich als konstruktive Lösungen der vielfach in beinahe allen demokratischen Ländern zitierten Vertrauenskrise (Dalia Research, Alliance of Democracies & Rasmussen Global, 2019; Edelman, 2020) an. Anstelle der Hinnahme eines passiven und destruktiven Misstrauens müssen sich alle Seiten um konstruktive Wege bemühen, damit Vertrauen wieder wachsen und nachhaltig wirken kann. Hierzu bedarf es auch einer deutlich veränderten Haltung zu den Einflüssen, dem Umgang und dem Missbrauch digitaler und herkömmlicher Medien im Sinne der (monopolisierten) Einflussnahme und Meinungsmache.

Was als eine zentrale Prämisse hinter sämtlichen Überlegungen zum Vertrauen steht, muss wegen seiner hervorgehobenen Bedeutung immer wieder in Erinnerung gerufen werden: Jegliches Verhalten kann nur dann vertrauensrelevante Wirkungen entfalten, wenn es überhaupt vom Adressaten als vertrauensrelevant erlebt wird. Dies ist, auch in ganz verschiedenen Schattierungen, von Gruppe zu Gruppe und von Individuum zu Individuum unterschiedlich. Patentlösungen dafür, was am Ende des Tages Vertrauen fördert oder es gefährdet, gibt es nämlich keine. Wir müssen uns also vielmehr damit abfinden, stets im konkreten Einzelfall auszuloten, auf welche Weise wir das Vertrauen unserer Interaktionspartner gewinnen können – ganz gleich, ob es sich dabei um einzelne Personen, größere Gruppen oder ganze Organisationen handelt.

Selbstverständlich gibt es aus der Vertrauensforschung einige Hinweise für *vertrauensevozierendes und vertrauenshemmendes Verhalten*, mehr als eine grobe Orientierung können diese Hinweise allerdings nicht sein. Bereits an dieser Stelle sei darauf hingewiesen, dass Respekt, Achtung und Wertschätzung sicherlich auf die „Haben-Seite" des Vertrauens zu zählen sind, hinzu kommen Ehrlichkeit, Glaubwürdigkeit und fachliche Kompetenz (in den Lebenskontexten, in denen sie für das soziale Miteinander bedeutsam erscheinen, so bspw. in der Beziehung zu Ärzten oder Ämtern). Gegenläufiges Verhalten wird Vertrauen kann nicht erst entstehen lassen, es reduzieren oder sogar Misstrauen beim Gegenüber provozieren. Wer etwa als Vorgesetzter einen Auszubildenden vor versammelter Mannschaft niedermacht, darf sich nicht wundern, dass dies nicht als vertrauensfördernde Maßnahme interpretiert werden wird. Ganz im Gegenteil, die Folgekosten für ein solches, vielleicht unüberlegtes Verhalten sind von dauerhafter Natur.

Alt-Bundeskanzler Helmut Schmidt hat sich einmal dahingehend geäußert, dass man Vertrauen nicht durch strategische Maßnahmen gewinnen kann, sondern vielmehr nur dadurch, dass sich Menschen aus ihrer Überzeugung heraus so verhalten, dass sie mit ihrem tatsächlichen Tun das Vertrauen ihrer Umgebung gewinnen. Er hat mit dieser Einschätzung, wie mit so vielen anderen ebenfalls, völlig Recht. Vertrauen kann niemals zum taktischen Vehikel mutieren, dies widerspricht dessen grundlegenden psychologischen Komponenten.

Alt-Bundeskanzler Helmut Schmidt über Vertrauen

Vertrauen kann man nur herstellen, indem man sich selber anständig, durchsichtig und ehrlich benimmt. Vertrauen gewinnt man nicht durch Public Relations und auch nicht durch Schaffung einer Marke. Es geht um das Vertrauen von Menschen. Und dafür gibt's seit Jahrtausenden dieselben Rezepte, nämlich: Sei Beispiel und Vorbild!

(Schmidt, 2010, S. 11)

Obige Einlassungen lassen bereits zwischen den Zeilen das entscheidende Merkmal im Prozess der Vertrauensentwicklung herauslesen, es ist das *Risiko*. Ob einem engen Freund ein intimes Geheimnis mitgeteilt wird, ob ein Ehepaar ihre Kinder der Nachbarin zur Aufsicht überlässt, ob ein Mitarbeiter dem Kollegen aus einer finanziellen Notlage befreit und auf die Rückgabe des geliehenen Geldes setzt oder der Schüler die familiären Streitereien gegenüber dem Lehrer kundtut – stets ist damit das Risiko verbunden, dass sich das eigene Handeln als fataler Fehler erweisen wird.

Im Umkehrschluss bedeutet dies: Vertrauen ist in keinem Fall ohne Risiko denkbar. Mal ist es klein, in anderen Fällen erheblich und eine möglicherweise eintretende Enttäuschung entsprechend folgenschwer. Immer jedoch muss sich der Mensch zunächst einmal auf dieses Risiko einstellen, weshalb Vertrauensvorschüsse in der überwiegenden Mehrheit der Fälle zunächst sehr überschaubar und kalkulierbar sind. Mit einer wachsenden subjektiven Sicherheit in Bezug auf das Vertrauensobjekt wird die Bereitschaft zur Risikobereitschaft gesteigert. Selbstverständlich spielt bei dieser Entscheidung das wahrgenommene Risiko, welches der andere als Reaktion auf den gegebenen Vertrauensvorschuss eingegangen ist, eine ganz zentrale Rolle – geschenktes Vertrauen, mit der Gefahr einer erheblichen Schädigung verbunden, wird mit höherer Wahrscheinlichkeit zu der Einschätzung führen, sich selber gleichermaßen auf diese Gefahr einlassen zu können. Das investierte Risiko wird auf diese Weise überschaubar, wobei in Konstellationen mit ungleicher Machtverteilung (also etwa zwischen Lehrern und Schülern oder zwischen Vorgesetzten und Mitarbeitern) immer im Blick behalten werden muss, dass das Risiko für den schwächeren Partner grundsätzlich höher ist und sich dieser von daher in der Regel (zunächst) zurückhaltender engagieren wird (Moegling & Schude, 2015; Schweer, 2017a).

Wer sich noch an die Spannungen während des Kalten Krieges erinnern kann, weiß um die damit verbundenen politischen Schwierigkeiten der einseitigen Vorleistungen. In der weltpolitisch hoch angespannten Situation zwischen den Supermächten war keine der beiden Seiten bereit, dem politischen Gegner Vertrauen zu schenken und dementsprechend eine Vertrauensvorleistung zu investieren. Ohne den Wert gleichzeitiger Abrüstungsmaßnahmen klein reden zu wollen, Ausdruck gelebten Vertrauens sind sie sicherlich nicht. Ein typisches Beispiel hierfür ist das *START-Abkommen* zwischen den USA und Russland, das am 05.02.2011 in Kraft trat. Ähnliche psychologische Mechanismen lassen sich in den politischen Verhandlungen zwischen der USA und Nordkorea beobachten.

Misstrauen

Während also die Intensitäten von Vertrauen sehr unterschiedliche Formen annehmen und diese durchaus im Laufe eines Beziehungsprozesses sich in positiver oder negativer Richtung verändern können, tangiert erlebtes Misstrauen eine zwar verwandte, aber dennoch differente psychologische Dimension. Ebenfalls handelt es sich um eine soziale Einstellung, und wie beim Vertrauen auch ist hierbei die Frage essentiell, ob und inwieweit sich das Individuum in die Hand Dritter begeben will. Beim Misstrauen entscheidet es sich nunmehr bewusst dagegen, weil es die Gefahr einer *Schädigung* für die eigene Person als zu groß einschätzt. Im Falle des Misstrauens ist man sich also sicher, mit negativen Folgen rechnen zu müssen, wenn man das Wagnis des Vertrauens eingehen würde.

In Analogie zum Vertrauensphänomen findet Misstrauen als soziale Einstellung seinen Niederschlag auf den Ebenen des Denkens, des Fühlens und des Verhaltens.

Denken
Ich misstraue meinem Mentor, weil ich mir sicher bin, von ihm hintergangen zu werden.

Fühlen
Aufgrund meines Misstrauens fühle ich mich bei meinem Partner zunehmend unwohl.

Verhalten
Ich misstraue meinem Mitarbeiter, weshalb ich heimlich seine eingehende Post kontrolliere.

Die bisherigen Ausführungen beziehen sich auf solche Konstellationen, in denen Menschen jeweils subjektiv die Entscheidung treffen können, ob und in welchem Umfang sie Vertrauen investieren wollen oder nicht. Oder ob sie Misstrauen als angemessenere Strategie im Umgang mit bestimmten Interaktionspartnern erachten.

Dies ist allerdings nur die halbe Wahrheit. In der wissenschaftlichen Forschung gilt es nämlich als unstrittig, dass wir uns ohne Vertrauen in unserer Umwelt überhaupt nicht zurechtfinden würden.

Diesen Umstand hat der Systemtheoretiker Niklas Luhmann besonders treffend beschrieben (Luhmann, 2014 [1968]): Wie sollen Menschen im Straßenverkehr agieren können ohne Vertrauen darauf, dass sich alle Verkehrsteilnehmer an die vorgegebenen Regeln halten? Wie sollen sie ein Gebäude betreten können ohne Vertrauen darauf, dass die Statik einwandfrei berechnet wurde? Wie sollen Menschen in einem Restaurant essen können ohne Vertrauen darauf, dass keine gravierend gesundheitsgefährdenden Produkte verwendet werden?

Diese Liste ließe sich um ein Vielfaches ergänzen. Die Quintessenz hieraus ist, dass wir in unzähligen Situationen des Lebens bestimmte Handlungsausgänge überhaupt nicht (mehr) in Frage stellen (können), währenddessen wir andererseits die Möglichkeit gegenteiliger Handlungsausgänge konsequent ignorieren. Dies macht den Umgang mit der sozialen Wirklichkeit deutlich einfacher, da auf diese Weise sehr viele Optionen für die individuelle Informationsverarbeitung und Handlungsvorbereitung irrelevant werden.

Dass diese ausgeschlossenen Optionen jeden Einzelnen von uns dennoch tagtäglich treffen können, ist andererseits jedem Menschen bei genauerem

Nachdenken bekannt. Es gibt die Geisterfahrer, die verheerende Unfälle verursachen können. Es gibt die Dächer, die wie aus dem Nichts heraus einstürzen und viele Verletzte und vielleicht sogar Tote nach sich ziehen. Es gibt sogar die Gourmetrestaurants, die ihren Gästen hochgiftige Pilze auf den Teller legen. Fälle dieser Art sind jedem bekannt. Sie sind keineswegs die Regel, sie stellen Ausnahmen dar. Dennoch können sie auch uns treffen. Und ein unerfreulicher Nebeneffekt der medialen Berichterstattung ist es sicherlich, dass spektakuläre und damit auflagenfördernde Einzelereignisse gerne in den besonderen Fokus genommen werden und auf diese Weise ein sehr verzerrtes Bild von der Realität begünstigen – sicherlich einer von mehreren Gründen für die Divergenz zwischen vorliegenden Kriminalitätsstatistiken einerseits und der Kriminalitätsfurcht in weiten Teilen der Bevölkerung andererseits (Hummelsheim-Doß, 2016).

Würden jedoch solche Ereignisse in ihrer Vielzahl gravierenden Einfluss auf die alltägliche Lebensplanung nehmen, so würden die eigenen Handlungsoptionen derart weitreichend beschränkt werden, dass man sich in seiner Umwelt kaum noch zurechtfinden könnte. Ein erheblicher Kontrollverlust mit einem starken Unsicherheitsgefühl wäre das folgenschwere Ergebnis. Und in der Tat stellt sich (gerade auch mit Blick auf das Gottvertrauen) die Frage, ob und inwieweit angesichts der Vielzahl von Skandalen, Krisen und Katastrophen, die uns alle im Mark erschüttern und an den Grundfesten etablierter Institutionen rütteln, Vertrauen überhaupt wiederhergestellt werden kann.

Niklas Luhmann zur regulativen Funktion von Vertrauen

Wo es Vertrauen gibt, gibt es mehr Möglichkeiten des Erlebens und Handelns, steigt die Komplexität des sozialen Systems, also die Zahl der Möglichkeiten, die es mit seiner Struktur vereinbaren kann, weil im Vertrauen eine wirksamere Form der Reduktion von Komplexität zur Verfügung steht.
(Luhmann, 2014, S. 8f.)

Warum nun sind die einen relativ vertrauensvoll im Umgang mit ihrem sozialen Umfeld, während die anderen ihren Mitmenschen mit deutlich größerer Skepsis begegnen?

Entscheidend sind hierfür sicherlich in erster Linie die jeweiligen *Erfahrungen*, die sich über die Vielzahl von Begegnungen angesammelt haben.

Selbstverständlich darüber hinaus eine gewisse Grundhaltung, die jedoch weniger das Ergebnis angeborener Persönlichkeitseigenschaften ist, sondern vielmehr über relevante Bezugspersonen wie Eltern, Geschwister oder Erzieher vermittelt wird. Insofern ist es nur logisch, dass wir im Laufe unseres Lebens zu differenzieren lernen, in welchen Lebensbereichen wir vertrauensvolle Begegnungen für möglich und fruchtbar erachten, währenddessen andere Lebensbereiche in dieser Hinsicht vergleichsweise zurückhaltend bewertet werden. Als grobe Orientierung kann dabei gelten, dass Menschen Vertrauen im *sozialen Nahraum* (Partnerschaft, Familie, Freunde) für geboten und wünschenswert erachten. Je weiter sich allerdings soziale Interaktionen daraus entfernen (Schule, Berufsleben, politisches Engagement u.ä.), umso weniger erstrebenswert und vor allem umso weniger realisierbar wird Vertrauen erachtet. Da die Sozialisationserfahrungen im Einzelfall sehr weit auseinanderdriften können, sind die subjektiven Haltungen zur Anbahnung vertrauensvoller Beziehungen dementsprechend weit gefächert.

Allerdings ergeben sich folgenreiche Verstärkungsprozesse, denn im Falle positiver Erfahrungen steigt die Offenheit, das Risiko des Vertrauensvorschusses einzugehen (dies durchaus auch in Lebensbereichen, die vielleicht zunächst eher mit Skepsis betrachtet wurden), im Falle negativer Erfahrungen wird die individuelle Zurückhaltung zunehmen. Logischerweise sinkt damit das Risiko, Enttäuschungen im sozialen Miteinander hinnehmen zu müssen, gleichermaßen werden jedoch die positiven Folgen einer vertrauensbasierten Beziehung ausgeschlossen. Diese sind, darauf weisen die vielfältigen Arbeiten zu den Konsequenzen von Vertrauen eindrucksvoll hin, in jedem Fall bereichernd für das Individuum; zu nennen sind etwa ein höheres Maß an Zufriedenheit, geringere Interaktionskosten aufgrund der ausbleibenden Notwendigkeit von Kontrolle, mehr Engagement und Motivation, eine verbesserte Kommunikationsqualität und nicht zuletzt eine forciertere Bereitschaft, sich mit neuen Anforderungen und Herausforderungen auseinanderzusetzen (Neser, 2016; Petermann, 2013; Schweer, 2017a).

Menschen fühlen sich wohler in Beziehungen, die von Vertrauen geprägt sind. Dies ist kein überraschender Befund, er ist allerdings bemerkenswert angesichts der Tatsache, dass in vielen Lebensbereichen Vertrauen eben kein konstituierendes Element zu sein scheint.

Vertrauen in Berufsgruppen – aktuelle Zahlen für Deutschland

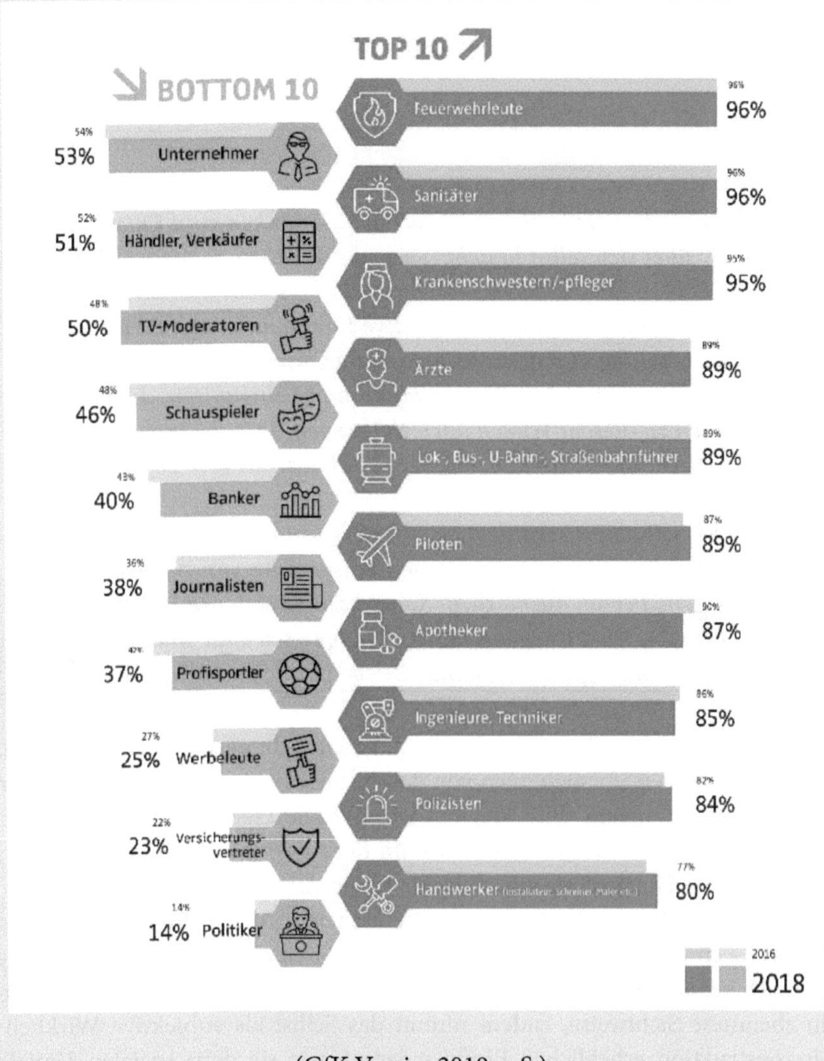

(GfK Verein, 2018, o.S.)

Selbstvertrauen

Als grundlegende Prämisse gilt: Vertrauen ist ohne Selbstvertrauen nicht denkbar, ebenso ist Selbstvertrauen nur auf der Grundlage von Vertrauen erklärbar.

Selbst – Selbstkonzept – Selbstwert

Selbst – Ein Konzeptsystem, das aus den Gedanken und Einstellungen über sich selbst besteht (Siegler et al., 2016, S. 409)

Das Selbstkonzept besteht als kognitive Komponente des Selbst aus der Selbstwahrnehmung und dem Wissen um das, was die eigene Person ausmacht. Neben persönlichen Eigenschaften und Fähigkeiten, die man besitzt, gehören zu diesem Wissen auch Neigungen, Interessen und typische Verhaltensweisen. (Lohaus & Vierhaus, 2019, S. 204)

Der Selbstwert resultiert als affektive Komponente des Selbst aus den Bewertungen der eigenen Person oder von Aspekten, die die eigene Person ausmachen. Somit können sich die Bewertungen auf Persönlichkeitseigenschaften, Fähigkeiten oder aber auch auf das eigene emotionale Erleben beziehen. (ebd.)

Das Selbst eines jeden Menschen umfasst, vereinfacht gesprochen, die individuellen subjektiven Vorstellungen von der eigenen Person. Typische Fragen in diesem Zusammenhang sind: Wer bin ich? Welche Eigenschaften und Überzeugungen habe ich? Was zeichnet mich im Kern aus? Was kann ich besonders gut? In welcher Hinsicht bin ich schlechter als andere?

Insofern wird jede Erfahrung, die Menschen in der Auseinandersetzung mit ihrer Umwelt machen, bedeutsam für die Sicht auf sich selbst. Im Sinne eines sich verstärkenden Prozesses verfestigen bzw. verändern neue Erfahrungen ebendiese Sichtweise, zudem nimmt das Selbst als subjektive Wirklichkeitskonstruktion erheblichen Einfluss darauf, wie sie dem sozialen Umfeld gegenübertreten.

Wechselspiel von Selbstkonzept und sozialem Umfeld

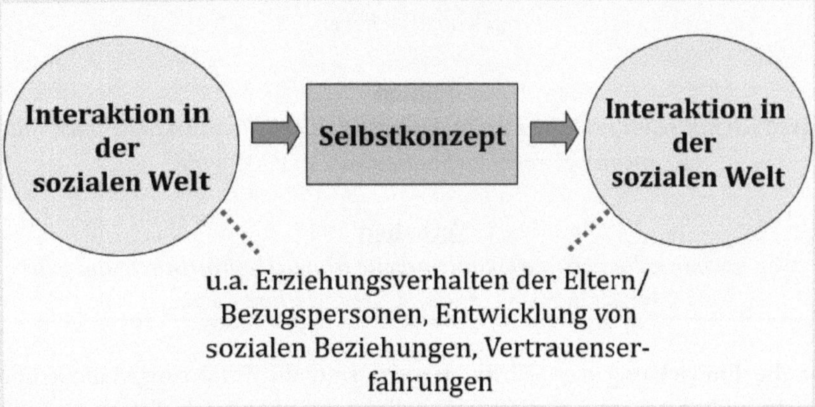

(eigene Darstellung; in Anlehnung an Simon & Trötschel, 2007, S. 151)

Als zentraler Kern des Selbst kann die individuelle Überzeugung gelten, mit seinem eigenen Handeln Einfluss auf das nehmen zu können, was mit einem selber in der Auseinandersetzung mit der Umwelt geschieht. Betrachtet sich das Individuum also als Urheber von Entscheidungen, und ist es der Meinung, auf relevante Geschehnisse einwirken zu können? Kurzum: Sieht es sich als Aktiver oder als Passiver, hat es die Zügel des Handelns selber in der Hand oder wird es getrieben von „fremden Mächten"?

Überträgt man nun obige Begriffsbestimmung zum Vertrauen auf das psychologische Konstrukt des Selbstvertrauens, so meint Selbstvertrauen als soziale Einstellung die subjektive Sicherheit, über sein Schicksal (zumindest in den Grundpfeilern) eigenständig bestimmen zu können. Diese Überzeugung, sich selber vertrauen zu können, ist in hohem Maße von der Erfahrung abhängig, dass anderen Menschen der eigenen Person mit Vertrauen begegnen.

Die dahinterstehende psychologische Logik ist im Grunde genommen recht einfach: Wie soll ein Mensch lernen, sich selber zu vertrauen, wenn ihm Vertrauen von anderen vorenthalten wird?

<u>Denken</u>
Weil ich mir selbst vertrauen kann, bin ich mir sicher, mein Studium erfolgreich abzuschließen.

<u>Fühlen</u>
Weil ich mir selbst vertrauen kann, hadere ich nicht, sondern fühle mich mit meiner getroffenen Studienwahl äußerst wohl.

<u>Verhalten</u>
Weil ich mir selbst vertrauen kann, arbeite ich mich optimistisch und ganz gezielt in neue Lern- und Arbeitstechniken ein.

Für die Entwicklung des Selbstvertrauens sind die Erfahrungen im frühen Erziehungskontext von elementarer Bedeutung, aber auch Erfahrungen im späteren Lebensalter verfehlen keinesfalls ihre Wirkungen. Aus einschlägigen Untersuchungen im Rahmen der Bindungsforschung wissen wir, dass Menschen mit sicheren Bindungserfahrungen in der frühen Kindheit ein höheres Maß an Selbstvertrauen aufbauen und zudem ihrem Umfeld gegenüber im Erwachsenenalter eher mit Vertrauen begegnen (Grossmann & Grossmann, 2017; Zulauf Logoz, 2012).

Charakteristika sicher und unsicher gebundener Kinder

Bindungstypen nach Ainsworth	zentrale Merkmale
sicher gebunden	• Kinder zeigen eine eindeutige, qualitativ hochwertige Beziehung zu ihrer jeweiligen Bezugsperson: negative Reaktion (bspw. weinen), sobald die Bezugsperson den Raum verlässt; Freude, sobald diese in der Nähe ist oder den Raum betritt • sie nutzen die Bezugsperson als sichere Basis für die Erkundung ihrer sozialen Umwelt
unsicher gebunden	• Kinder zeigen eine deutlich schlechtere Bindung zu ihrer jeweiligen Bezugsperson
unsicher-ambivalent	• sehr starkes Klammern an der Bezugsperson und permanente Suche von deren Nähe • bei Trennung von der Bezugsperson wütendes bis aggressives Verhalten; keine beruhigende Wirkung durch fremde Personen möglich • bei Wiederkehr der Bezugsperson keine Freude, sondern ambivalentes Verhalten
unsicher-vermeidend	• geringe Beunruhigung bei Trennung, kaum Kummer • Vermeiden von Nähe und Interaktion bei Wiederkehr der Bezugsperson; ähnliches Verhalten gegenüber Fremden wie gegenüber Bezugsperson
desorganisiert-desorientiert	• ebenso durch fremde Personen zu beruhigen wie von der Bezugsperson • kein eindeutiges, zum Teil widersprüchliches Verhaltensmuster, das Kind wirkt desorientiert

(Schweer & Schulte-Pelkum, 2017, S. 70; in Anlehnung an Ainsworth, Blehar, Waters & Wall, 1978)

Wie wichtig für den Aufbau von Selbstvertrauen die Zuschreibungen von außen sind (und damit eben auch das entgegengebrachte Vertrauen) zeigt sich gerade auch bei der Erforschung relevanter *geschlechtstypischer Unterschiede* (Kortendiek, Riegraf & Sabisch, 2019; Neyer & Asendorpf, 2018): Nicht von ungefähr sind nach wie vor viele Mädchen davon überzeugt, naturwissenschaftliche Herausforderungen weniger gut meistern zu können als ihre männlichen Altersgenossen. Nicht von ungefähr finden sich Frauen immer noch besonders häufig in sozialen Berufen, vor allem auch im Bereich der vorschulischen und schulischen Erziehung sowie im Bereich der Pflege. Und nicht von ungefähr sind Führungspositionen trotz vielfältiger Regulationsbemühungen der Politik in weiten Teilen unserer Gesellschaft bis zum heutigen Tage überhäufig mit Männern besetzt.

Jedem einzelnen von uns wird bereits sehr früh vermittelt, was er kann und was er eben nicht kann, über welche Talente er verfügt und für welche Aufgaben er eher ungeeignet erscheint. Insofern ist es durchaus denkbar, dass das Selbstvertrauen in einem spezifischen Bereich (Sport) stark ausgeprägt ist, während es in einem anderen Bereich (Literatur) nur sehr schwach zum Vorschein kommt.

Beispiele geschlechtstypischer Unterschiede

Beliebteste Studiengänge in Deutschland nach Geschlecht

Platz	Männer	Frauen
1	Betriebswirtschaftslehre	Betriebswirtschaftslehre
2	Maschinenbau	Germanistik/Deutsch
3	Informatik	Jura
4	Elektrotechnik	Medizin
5	Jura	Pädagogik
6	Wirtschaftswissenschaften	Psychologie
7	Wirtschaftsingenieurwesen	Wirtschaftswissenschaften
8	Wirtschaftsinformatik	Anglistik/Englisch
9	Bauingenieurwesen	Biologie
10	Medizin	Mathematik

(https://www.studycheck.de/ratgeber-studium/beliebteste-studienfaecher-bei-maennern-und-frauen) [28.09.2020]

Ausbildung: Nachwuchs bleibt Geschlechterrollen treu

im Jahr 2016

Männer Frauen

Top-5-Ausbildungsberufe	Abgeschlossene Ausbildungsverträge	Frauenanteil in Prozent
Kraftfahrzeugmechatroniker/-in	20.553	4,3
Elektroniker/-in	12.981	2,3
Kaufmann/-frau im Einzelhandel	12.084	52,0
Industriemechaniker/-in	11.868	6,6
Anlagenmechaniker/-in für Sanitär-, Heizungs- und Klimatechnik	11.502	1,5
		Männeranteil in Prozent
Kaufmann/-frau für Büromanagement	21.015	26,7
Medizinische/-r Fachangestellte/-r	15.465	2,3
Verkäufer/-in	13.173	44,8
Kaufmann/-frau im Einzelhandel	13.107	48,0
Zahnmedizinische/-r Fachangestellte/-r	12.561	1,7

Quelle: Bundesinstitut für Berufsbildung
© 2018 IW Medien / iwd

iwd

(https://www.iwd.de/artikel/berufswahl-typisch-mann-typisch-frau-380726/) [17.06.2020]

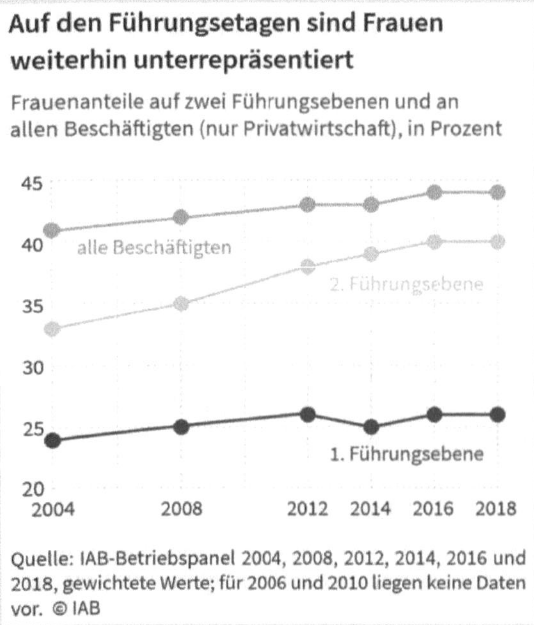

(Kohaut & Möller, 2019, S. 1)

Da Vertrauen nun stets mit einem Risiko behaftet ist, welches die Möglichkeit der Enttäuschung in sich trägt, sind Menschen mit einem hohen Selbstvertrauen verständlicherweise eher bereit, sich auf dieses Risiko einzulassen, wohingegen Menschen mit einem schwachen Selbstvertrauen verstärkt enttäuschungsvermeidende Strategien im Umgang mit der sozialen Wirklichkeit realisieren. Selbstvertrauen fördert insofern das Wagnis vertrauensbezogener Interaktionserfahrungen und stärkt auf diese Weise die Etablierung von Vertrauen als eine relevante Handlungsstrategie in der sozialen Begegnung. Unzureichendes Selbstvertrauen werden ebensolche Erfahrungen bremsen.

Gottvertrauen

Eine ganz eigene Form des Vertrauens, die im Kontext der psychologischen Vertrauensforschung bislang relativ wenig Beachtung gefunden hat, ist das Gottvertrauen.

Für den einen ganz selbstverständlich, für den anderen schier unbegreiflich, für den dritten ein immerwährender Kampf. So oder so gehören religiöse Bindungen zu den Phänomenen, die für unsere Gesellschaft und für jeden Einzelnen von uns von erheblicher Bedeutung sind.

Denn angesichts vielfältiger, teils dramatischer und beschleunigter Entwicklungen in der heutigen Lebensrealität stellt sich die Frage nach der Bewältigung dieser hochkomplexen Herausforderungen auf kollektiver und individueller Ebene besonders dringlich. Sie beinhalten einerseits risikobehafte, teils bedrohliche Elemente, sie lassen andererseits Handlungsspielräume erkennen, die nicht zuletzt auch die Sicht auf soziale Gerechtigkeit berühren. Während nun die vorliegenden Ergebnisse der Vertrauensforschung in der Gesamtschau inzwischen sehr eindrucksvoll den Stellenwert personalen und systemischen Vertrauens für einen förderlichen und zufriedenstellenden Umgang mit steigender Komplexität erkennen lassen, gibt es leider erst einige wenige empirisch fundierte Studien zur Bedeutung von Glauben und Gottvertrauen für das persönliche Wohlbefinden im Alltag und für die Bewältigung insbesondere belastender Situationen, so etwa im Falle schwerer Erkrankungen bei sich oder nahestehenden Personen. Dies unstrittig in einer historischen Periode in unserer Gesellschaft, die durch eine zunehmende Entwurzelung des Einzelnen von christlichen Glaubensgemeinschaften geprägt ist, dies gleichermaßen für die Anteile katholischer wie protestantischer Gemeinschaften.

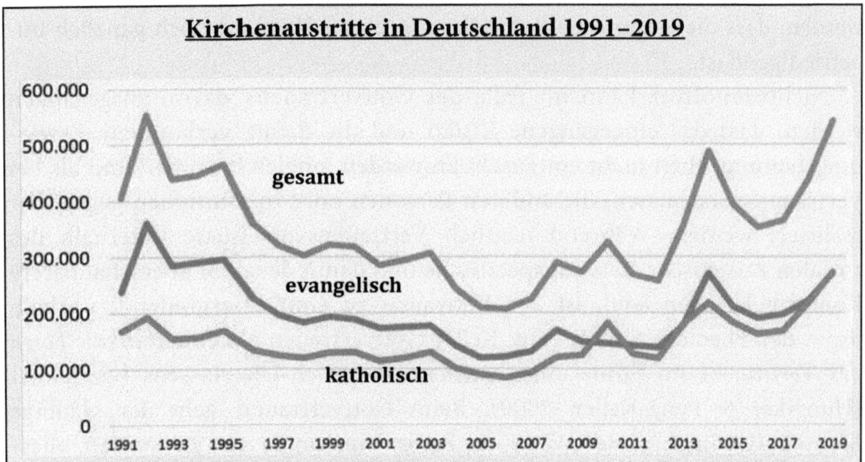

(mod. nach https://www.kirchenaustritt.de/statistik) [23.07.2020]

Thomas von Aquin beschreibt Vertrauen als die *Kraft der Hoffnung*, Vertrauen ist diesen Überlegungen zur Folge durch Erfahrung bekräftigte Hoffnung auf die Erfüllung von erwarteten Zuständen unter der Prämisse des Vertrauens auf Gott (Aquin, 1988).

Eine Annäherung an das Konstrukt des Gottvertrauens vor dem Hintergrund der zentralen psychologischen Elemente von Vertrauen lässt den Kern des Gottvertrauens erkennen: Im Mittelpunkt steht die subjektive Sicherheit, sich in die Hand von Gott begeben zu können. Ein potenzieller Schaden wird dabei gedanklich ausgeschlossen.

Voraussetzung für eine solche Haltung ist sicherlich die Überzeugung, über viele Herausforderungen im Leben eben nicht die eigene Kontrolle zu besitzen, gleichzeitig diese Kontrolle aber auch nicht zuverlässig an andere Personen oder Institutionen abgeben zu können. Die Kontrolle über das, was in weiten Teilen des Lebens mit der eigenen Person geschieht, wird insofern auf Gott übertragen, das damit verbundene Risiko als kalkulierbar bewertet.

Sicherlich drängt sich dabei unter Bezug auf obige Überlegungen zum Selbstvertrauen unmittelbar die Frage auf, ob nicht gerade Menschen mit einem besonders geringen Selbstvertrauen eher geneigt sind, Kontrolle an eine „obere Instanz“ abzugeben und ob dieses dann tatsächlich für die individuelle Persönlichkeitsentwicklung und Psychohygiene förderlich sein kann. Ungeachtet noch folgender Überlegungen zur (gerade in der heutigen krisengeschüttelten Situation der Kirchen überaus dringlichen) Frage nach der Eigenverantwortlichkeit des gläubigen Menschen muss ehrlicherweise konstatiert werden, dass die empirische Befundlage in dieser Hinsicht noch gänzlich unbefriedigend ist.

Nichtsdestotrotz kann im Falle des Gottvertrauens davon ausgegangen werden, dass das eingegangene Risiko und die damit verbundene Erwartungshaltung, eben nicht enttäuscht zu werden, ungleich größer sind als bei Vertrauensvorschüssen, die anderen Personen oder Institutionen gegenüber realisiert werden. Während nämlich Vertrauensvorschüsse innerhalb des sozialen Austauschs stets auf spezifische und damit deutlich überschaubarere Kontexte bezogen sind, ist das Vertrauen zu Gott übergreifend, weshalb bspw. der Theologe Simon Peng-Keller Gottvertrauen als eine *radikale Form des Vertrauens* im Sinne eines existentiellen Sich-Überlassens bezeichnet (Hunziker & Peng-Keller, 2009). Beim Gottvertrauen geht der gläubige Mensch also in absoluter Weise das Risiko ein, enttäuscht zu werden, allerdings schreibt er Gott (und dies im Gegensatz zu seinen Mitmenschen) eine universelle Treue, Zuverlässigkeit und Güte zu. Während Vertrauen in einzelne Personen oder Systeme nun von Lebensbereich zu Lebensbereich unterschiedlich stark variieren kann, handelt es sich beim Gottvertrauen um ein *lebensbereichsumfassendes Konzept*.

Gottvertrauen und personales Vertrauen

Es ist gut, auf den Herrn vertrauen und nicht sich verlassen auf den Menschen. (Psalm 118,8)

Gottvertrauen äußert sich insofern in einer Haltung subjektiver Kontrolle zu den möglichen resp. als unvermeidbar erfahrenen Risiken des Lebens. Also getreu dem Grundsatz: „Was auch immer geschehen mag, Gott ist bei mir."

Analog zu den bereits besprochenen Facetten des Vertrauens lässt sich Gottvertrauen ebenfalls als eine *soziale Einstellung* begreifen, die ihre konstituierenden Komponenten im Denken, Fühlen und Handeln der agierenden Person findet.

Denken
Weil ich Gott vertrauen kann, weiß ich, dass seine Gebote einen hilfreichen Leitfaden für mein Leben darstellen.

Fühlen
Mit meinem Vertrauen auf Gott fühle ich mich den Herausforderungen des Lebens auch in sehr schwierigen Situationen gewachsen.

Verhalten
Mein Gottvertrauen hat mich zu der Entscheidung veranlasst, den riskanten operativen Eingriff vornehmen zu lassen.

Vertrauen ist grundlegend durch das Prinzip der *Wechselseitigkeit* gekennzeichnet, Menschen gehen also davon aus, dass erlebtes Vertrauen gegenüber anderen in vergleichbarer Weise von diesen erwidert wird. Diese Annahme leitet subjektives Erleben und Handeln oftmals unreflektiert und geradezu selbstverständlich, dabei ist eine solche Wechselseitigkeit faktisch in vielen Beziehungskonstellationen überhaupt nicht gegeben, dies veranschaulichen immer wieder unabhängige Befragungen von Personen in dyadischen Beziehungskonstellationen (Altmann, 2010; Nussbeck, Hilpert & Bodenmann, 2012). Das ernüchternde Entdecken einer solchen Diskrepanz wird in der Folge als eine Form des Vertrauensbruchs erlebt, weshalb eigenes, bislang investiertes Vertrauen enttäuschend (oftmals drastisch) reduziert wird.

Die Annahme der Wechselseitigkeit zielt auf „eine soziale Norm, die besagt, dass, wenn Menschen sich nett zu uns verhalten, wir uns reziprok verhalten, indem wir ebenfalls nett zu ihnen sind“ (Aronson, Wilson & Akert, 2004, S. 303).

Im besonderen Fall des Gottvertrauens wird vermutlich die Annahme der Wechselseitigkeit darüber psychologisch abgesichert, dass Gott als stetiger Unterstützer und Ratgeber betrachtet wird, er steht dem gläubigen Menschen in allen Phasen der Höhe und der Tiefe zur Seite. Der zunehmende Wandel in der christlichen Glaubenslehre weg von einem strafenden und hin zu einem Mut machenden und verzeihenden Begleiter impliziert dabei das Vertrauen, welches dem Menschen ungeachtet seiner Fehler und seines Scheiterns immer wieder aufs Neue von Gott geschenkt wird.

KAPITEL 3

WARUM KONTROLLE GUT, VERTRAUEN JEDOCH VIEL BESSER IST

Von den Fallstricken des Vertrauens

Immer wieder werde ich auf Veranstaltungen, in denen ich die Bedeutung von Vertrauen für unser soziales Miteinander betone, mit dem Ausspruch *Vertrauen ist gut, Kontrolle ist besser* konfrontiert, der bekanntermaßen dem russischen Politiker Lenin (1870–1924) zugeschrieben wird. Macht man sich nun die Mühe, sich mit der Herkunft dieses Ausspruchs etwas genauer zu beschäftigen, so stellt man sehr schnell fest, dass es keinerlei zitierfähige Quelle für diese Zuschreibung gibt. Aus heutiger Sicht ist die allseits bekannte Formulierung *Kontrolle ist besser* wohl vielmehr einem Übersetzungsfehler geschuldet, denn tatsächlich soll folgende russische Redewendung zu den Lieblingssätzen des kommunistischen Revolutionärs gezählt haben:

Wladimir Lenin über Vertrauen

Vertraue,
aber prüfe nach!

Genau diese Anforderung trifft einen wesentlichen Kern erlebten Vertrauens, beinhaltet konstruktives Vertrauen doch selbstverständlich stets die Sensibilität und Bereitschaft, gleichermaßen auf etwaige Warnsignale zu reagieren.

Also: Sei nicht blind und ignoriere nicht Handlungen deines Gegenübers, die Anlass zur Skepsis geben. Prüfe im Zweifel nach und ziehe aus dem Ergebnis dieser Prüfung die erforderlichen Konsequenzen.

Ein Vertrauen ohne die Beachtung etwaiger Warnsignale wäre in der Tat *blind*, und es kann durchaus Situationen im Leben eines Menschen geben, in denen er ganz bewusst solche Signale ignoriert. Man will in diesen Fällen das Unangenehme nicht sehen, weil die sich hieraus ergebenden Konsequenzen subjektiv als zu folgenschwer empfunden werden. Prototypisch hierfür (und auch immer wieder in der Literatur erwähnt) ist das Opfer eines Heiratsschwindlers: Der unbändige Wunsch nach erwiderter Zuneigung (oftmals gegen den deutlichen Widerstand im sozialen Umfeld, welches die Liaison kritisch und mit erheblichen Vorbehalten begleitet) soll nicht zerstört werden, lieber geht man das Risiko ein, im übertragenen Sinne gegen Mauern zu rennen. Erschwerend kommt hinzu, dass es im zeitlichen Verlauf einer Beziehungsgeschichte psychologisch immer schwieriger wird, sich von dem einmal gebildeten Urteil zu distanzieren, da sich Menschen äußerst schwer damit tun, sich (und ihrer Umwelt gegenüber) einen fatalen Fehler einzugestehen. Doch irgendwann kommt der Zeitpunkt, an dem der Erkenntnisprozess nicht mehr aufzuhalten ist, und blindes Vertrauen wird als Täuschung entlarvt. Der Erfolg des Heiratsschwindlers ist insofern also ein klassisches Beispiel dafür, wie wir selbst am meisten unserem persönlichen Wohlergehen mit einer völlig verzerrten Wirklichkeitskonstruktion im Wege stehen. Insofern ist das, was vielfach mit *konstruktivem Misstrauen* gemeint ist, aus meiner Sicht jedoch terminologisch eher irreführend, konstituierendes Element von Vertrauensbeziehungen.

Bestehen nun im Einzelfall berechtigte Gründe für eine abwartend-skeptische oder sogar für eine ablehnende Haltung, weil die Gefahr einer potenziellen Schädigung für zu groß erachtet wird, so ist es allerdings psychologisch wichtig, zur Wiederherstellung subjektiver Kontrolle auf eine vertrauenswürdige Alternative zurückgreifen zu können. Wer also bspw. einem konkreten Arzt aufgrund schlechter Erfahrungen mit Misstrauen begegnet, sollte alternative Ärzte finden, denen er mit Vertrauen begegnen kann – zumindest im Sinne einer prinzipiellen Offenheit im Stadium des Anfangskontaktes. Oftmals bestehen jedoch im Zuge solcher Bewertungsprozesse *Generalisierungstendenzen*, die destruktive Haltungen begünstigen. Nach dem Motto „einer schlecht, alle schlecht“ sind Menschen nämlich unter Umständen nicht mehr offen für positive Erfahrungen, sie schränken ihre Wahrnehmungen (in diesem Fall das Bild von Ärzten) allzu einseitig ein und verbauen sich auf diese Weise die Chance, negative Überzeugungen auf der Grundlage neuer, gewinnbringender Erfahrungen revidieren zu können.

Vieles im Prozess der Vertrauensentwicklung ist somit keineswegs das Ergebnis bewusster Entscheidungen, unbewusste und automatisierte Prozesse lenken vielmehr die Bewertung unseres sozialen Umfeldes in ganz entscheidender Weise (Schweer, 2018a). Und auch wenn sich Vertrauen gemäß dem Prinzip der kleinen Schritte über einen längerfristigen Zeitraum etabliert, so kommt doch zweifelsfrei dem *Anfangskontakt* als einem signifikanten Wahrnehmungsfilter eine hervorgehobene Bedeutung zu (Schweer, 2017a).

Wie vollzieht sich typischerweise der Anfangskontakt? Zwei Personen begegnen sich in ihrem Leben zum ersten Mal, Vorinformationen über den jeweils anderen liegen nicht vor. Ungeachtet dessen bilden sich sehr schnell Urteile über das Gegenüber heraus, diese Urteile basieren auf Merkmalen, die besonders prägnant erscheinen – Kleidung und Frisur, Art und Weise des sprachlichen Ausdrucks, Geschlechtszugehörigkeit, alt oder jung, einheimisch oder fremd. Vor dem Hintergrund der Vielzahl eigener Erfahrungen in der

Vergangenheit werden mit diesen Merkmalen eher positive oder eben eher negative Aspekte assoziiert.

Assoziationen im Zuge des Anfangskontaktes sind nun mit Gefühlen der Sympathie versus Antipathie verbunden, und sie führen zu weitergehenden Überzeugungen dahingehend, wie das Gegenüber charakterlich einzuordnen ist, welche Einstellungen und Überzeugungen es vertritt, womit es seinen Lebensunterhalt verdient, wie das Privatleben aussehen mag usw. Obwohl das Individuum also so gut wie nichts über den Anderen weiß, verhält es sich nach kürzester Zeit so, als wenn es sehr viel über ihn wüsste. Die mentale Zuordnung zu abgespeicherten „Schubladen" im Kopf, zu sogenannten *kognitiven Schemata* (Schweer, 2014), geschieht zumeist unbewusst und automatisiert, dieser Prozess beeinflusst die weitere Beziehungsgeschichte ganz erheblich.

Im Falle erlebter Sympathie steigt nämlich die Bereitschaft, von sich aus positive Signale auszusenden, Mimik und Gestik werden „einladender" sein, das Gespräch wird aktiv gesucht, man verhält sich insgesamt eher zuwendend und aufgeschlossen dem anderen gegenüber. Das genaue Gegenteil ist im Falle empfundener Antipathie wahrscheinlich.

Wie bereits angedeutet, sind es vielfach Vorinformationen, die einen solchen ersten Eindruck leiten können, ohne dass überhaupt ein persönlicher Kontakt stattgefunden hat. Details über den neuen Abteilungsleiter, eine Enthüllungsgeschichte über einen prominenten Politiker, Berichte von Bekannten über den hinzugezogenen Nachbarn oder Haltungen der Eltern gegenüber Vertretern einer Religionsgemeinschaft sind solche Beispiele. Im Sinne einer Überlebensstrategie zum Schutz der eigenen Person vor Informationsüberflutung ist unser Wahrnehmungs- und Verarbeitungssystem darauf angewiesen, zur effektiven Orientierung zu möglichst schnellen Urteilen zu gelangen. Informationen dieser Art sind also nützliche Hinweise, um den Umgang mit der Umwelt zu erleichtern.

Hinzu kommen Prozesse der *sich-selbst-erfüllenden-Prophezeiung* (s. bereits die klassische Untersuchung von Rosenthal & Jacobson, 1971) dergestalt, dass Menschen mit ihrem eigenen Verhalten ganz erheblich dazu beitragen, Rektionen beim Gegenüber zu provozieren, welche das eigene (oftmals eben vorschnell) gebildete Urteil verfestigen.

Denn wer von uns irrt sich schon gerne? Aus dem anfangs unsympathischen Nachbarn wird insofern nur selten ein liebenswerter Zeitgenosse, während der bereits beim ersten Treffen sympathische Kundenberater über gute Chancen verfügt, auch in Zukunft positiv bewertet zu werden. Es liegt auf der Hand, dass auf diese Weise unbewusste Vorentscheidungen darüber stattfinden, mit welchen konkreten Interaktionspartnern vertrauensvolle Beziehungen möglich erscheinen und mit welchen eben nicht.

Verschiedene Studien (nicht nur) im universitären Kontext belegen eindrucksvoll die Macht des Anfangskontaktes (Schweer, 2018b): Wenn ein Student bspw. seine Dozentin nach dem Erstkontakt als sympathisch erlebt, bleibt er mit hoher Wahrscheinlichkeit bis zum Semesterende bei dieser Einschätzung. Auf Grundlage dieser wohlwollenden Haltung werden sowohl die sozialen als auch die fachlichen Kompetenzen der Dozentin positiv beurteilt. Im Falle erlebter Antipathie resultiert der gegensätzliche Effekt, nämlich eine zeitlich stabile negative Bewertung der Dozentin.

In vielen Lebenssituationen sind es also eher zufällige Faktoren, welche die weitere Beziehungsqualität vorherbestimmen – will man sich aktiv um das Vertrauen seines Umfelds bemühen, so muss man gegenüber diesen mentalen Schutzmechanismen sensibel werden und ihnen eine bewusste Kontrolle entgegensetzen. Damit verbunden ist die Bereitschaft, das eigene Urteil in Zweifel zu ziehen und es durchaus auch einmal ertragen zu können, ein bereits gefälltes Urteil zu revidieren (ungeachtet des grundlegenden Bestrebens, sich nicht irren zu wollen). Zwar werden die kognitiven Schemata in ihrer Wirkweise dadurch nicht außer Kraft gesetzt, sie dienen nunmehr jedoch als eine Art erste Orientierung, von der sich das Individuum bewusst ist, dass diese prinzipiell fehlerhaft sein kann – und folgerichtig jederzeit modifizierbar und erweiterbar ist. In der Psychologie wird diese Haltung als *Unsicherheitstoleranz* (Abels & König, 2016) beschrieben. Damit gemeint ist die Bereitschaft und Fähigkeit, Unsicherheit hinsichtlich der Beurteilung des Gegenübers (ganz gleich, ob bei Personen oder Systemen, im direkten Kontakt oder auch im übertragenen Sinne) ertragen zu können. Entscheidend ist das mit Unsicherheitstoleranz verbundene geschärfte Bewusstsein für den Umstand, dass einmal gefällte Urteile durchaus fehlerhaft sein können und ggf. verändert werden müssen.

Gerade dieser Aspekt stellt einen wichtigen Ansatzpunkt für jegliche Formen von Erziehung und Ausbildung, aber auch im späteren Erwachsenenalter für Interventionen im Sinne des *Vorbild-Seins* dar: Denn Unsicherheitstoleranz ist trainierbar und damit logischerweise veränderbar. Zwar lebt es sich auf den ersten Blick einfacher damit, mit wenigen „Schubladen" im Kopf auszukommen, bei genauem Hinsehen wird allerdings sehr schnell klar, dass die simple Beschreibung nach dem „schwarz-weiß" und dem „gut-böse" Prinzip letztendlich der Komplexität der Welt nicht einmal annähernd gerecht werden kann. Es bedarf also eines viel differenzierteren Blicks und einer kognitiven Struktur, die facettenreich und in ihren Elementen vielschichtig miteinander verwoben ist, um sich intensiv mit seiner Umwelt auseinandersetzen zu können und sich damit die Chance auf viele inspirierende Begegnungen und bereichernde Erfahrungen zu geben und zu erhalten. Dafür lohnt es sich, eine bequeme, durchaus sicherheitsstiftende mentale Struktur zu verlassen, denn diese Sicherheit ist bei genauem Hinsehen sehr teuer erkauft.

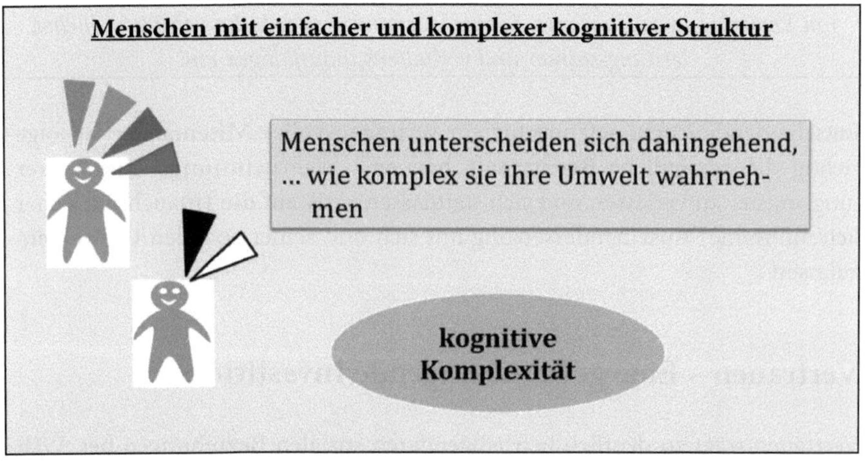

Last but not least bedeutet Vorbild-Sein für ein Mehr an Unsicherheitstoleranz mit Blick auf unser Gemeinwohl eben das Engagement für ein Mehr an stereotypem- und vorurteilsfreiem Denken und Handeln, damit verbunden ein Mehr an Gerechtigkeit, Konfliktfreiheit und friedlicher Koexistenz. Denn der eingeschränkte Blick auf „gut und schlecht", auf „sympathisch und unsympathisch" oder auf „geeignet und ungeeignet" greift oftmals viel zu kurz. Ein solcher Blick schränkt soziale Begegnungen in den Entwicklungspotenzialen erheblich ein, baut unnötige Barrieren auf, limitiert Menschen in ihren Entfaltungsmöglichkeiten und begünstigt das Gegeneinander anstelle des Miteinanders. Aus der psychologischen Forschung liegt über die nachhaltigen Folgen solcher Beurteilungsfehler für die verschiedenen Lebensbereiche eine Fülle beeindruckender Forschungsergebnisse vor (Boer & Fischer, 2013; Lorenz et al., 2016).

Vornamen als Quelle von Beurteilungsverzerrungen

Im Rahmen der unter dem Kürzel „Kevin-Studie" (s. Kaiser, 2010) bekannt gewordenen Untersuchung konnte gezeigt werden, dass der überwiegende Anteil der ca. 2.000 befragten Lehrkräfte an Grundschulen mit Vornamen spezifische Persönlichkeitsmerkmale assoziiert. Während Namen wie eben Kevin oder auch Chantal, Mandy oder Justin mit Leistungsschwäche und Verhaltensauffälligkeit verbunden werden, schätzen die Lehrenden Kinder mit Vornamen wie Charlotte, Sophie, Alexander oder Lukas als freundlicher, leistungsstärker und verhaltensunauffälliger ein.

Entscheidende Voraussetzung für ein vertrauensvolles Miteinander ist folgerichtig die persönliche Bereitschaft, bequeme Wahrnehmungs- und Bewertungsmuster zu verlassen und sich stattdessen aktiv auf die (manchmal sicherlich mühsame) Auseinandersetzung mit sich und seiner sozialen Umwelt einzulassen.

Vertrauen – Eine gewinnbringende Investition

Vertrauen trägt zu deutlich befriedigenderen sozialen Beziehungen bei. Während beim Misstrauen im Sinne antizipierter Schädigung erst einmal das Schlechte angenommen und folgerichtig verstärkt auf Kontrolle gesetzt wird, basiert ein von Vertrauen geprägtes Miteinander auf dem *Prinzip des Guten*. Bereits einer der Urväter der Vertrauensforschung, der amerikanische Psychologe Julian B. Rotter (1916–2014), wies darauf hin, dass Menschen, die anderen vertrauen, als *vertrauenswürdiger und kooperativer* wahrgenommen werden (Rotter, 1981).

Zwar ist es ein Allgemeinplatz, aber nichtsdestotrotz richtig: Das Leben folgt keineswegs immer den angedachten Vorstellungen, oftmals stellen sich gewünschte Effekte erst auf Umwegen ein, manches Mal treten erwartete Folgen überhaupt nicht ein, und viele Reaktionen geschehen nicht direkt, sondern mitunter mit erheblicher zeitlicher Verzögerung.

Für Vertrauen sind, wie bereits angedeutet, dennoch die positiven Ergebnisse dieser Investition unstrittig – Menschen nehmen vertrauensreiche Lebenskontexte erheblich positiver wahr (Schweer & Ziro, 2018), dies gilt für private Kontexte wie die Familie und den Freundeskreis, aber auch für eher professionelle Bereiche wie Schule, Arbeitsplatz oder den Besuch beim Hausarzt. Ein von Vertrauen geprägtes Miteinander erhöht die Zufriedenheit und damit verbunden die Bereitschaft, sich zu engagieren und einzubringen. Über den Weg der Motivation hat also Vertrauen zudem durchaus einen förderlichen Einfluss auf die Leistung. Die positiven Effekte eines Vertrauensklimas sind besonders eindrucksvoll im Bereich der medizinischen Versorgung erkennbar. Inzwischen liegen nämlich belastbare Befunde dahingehend vor, dass der Genesungsprozess von Patienten bei erlebtem Vertrauen zum behandelnden Arzt signifikant gefördert werden kann (Link, 2019). Sich in solchen, oftmals ja sehr schwierigen Lebenssituationen sicher aufgehoben zu fühlen, führt wohl zum einen dazu, dass sich Patienten im Sinne der *Compliance*, also der Bereitschaft zur aktiven Mitwirkung an therapeutischen Maßnahmen, stärker an die ärztlichen Vorgaben halten, zum anderen werden über den Weg des Vertrauens sicherlich Kraft, Stärke und Zuversicht befördert, wodurch der Umgang mit einer Krankheit ebenfalls in eine positive Richtung gelenkt werden kann.

Wo Vertrauen ist, wird Sicherheit geschaffen, und Menschen fühlen sich gut aufgehoben. Ganz augenfällig stehen für diese Beschreibung frühkindliche Erfahrungen, auf den hohen Stellenwert einer sicheren Bindung zu den engen Bezugspersonen wurde ja bereits hingewiesen. Und nicht umsonst hat der Begriff des *Ur-Vertrauens* (Erikson, 2005 [1957]) des bekannten amerikanischen Psychoanalytikers Erik Erikson (1902–1994) weit über die Fachgrenzen hinaus Einzug in unser Denken gehalten, nach Erikson ist dies die erste und zugleich wichtigste Voraussetzung einer sich entwickelnden gesunden Persönlichkeit. Denn Kinder benötigen die Sicherheit, Vertrauen in die Erwachsenenwelt haben zu können, der sie ja zunächst völlig schutz- und wehrlos ausgesetzt sind. Vertrauen im Sinne Eriksons impliziert zudem ein „sich verlassen können" auf andere Menschen und nicht zuletzt ein „sich verlassen können" auf die eigene Person im Sinne des Selbstvertrauens.

Stufenmodell der psychosozialen Entwicklung nach Erik H. Erikson	
Stufen der psychosozialen Entwicklung nach Erikson	zentrale Merkmale
Ur-Vertrauen vs. Ur-Misstrauen *(1. Lebensjahr)*	• entspricht der oralen Phase im Theoriemodell Freuds; im Zentrum steht das Urvertrauen gegenüber der sozialen Umwelt • werden die grundlegenden Bedürfnisse des Kindes nur unzureichend oder unzuverlässig befriedigt, so wird die Entwicklung von Urvertrauen gehemmt und die Bildung von Misstrauen gegenüber anderen Personen (auch in späteren Entwicklungsphasen) gefördert
Autonomie vs. Scham und Zweifel *(2.–3. Lebensjahr)*	• der Entwicklungsschwerpunkt liegt in der Ausbildung von Autonomie (Analogie zu Freud), allerdings ohne Beschränkung auf den Aspekt der Sauberkeitserziehung, sondern zusätzlich Betonung der Bedeutung des Kompetenzzuwachses mit Blick auf die sozialen Anforderungen sowie den damit verbundenen Wunsch von Kindern, selbst entscheiden und wählen zu können • steigende Mobilität der Kinder und vermehrte sprachliche Kompetenzen • Autonomie ist das Ergebnis der Förderung von Eigenständigkeit seitens der Eltern, ohne dabei jedoch zu überfordern • geringe Förderung, die ständige Abnahme bzw. Korrektur von Aufgaben oder gar das Bloßstellen der Kinder bei misslingenden Versuchen begünstigen Selbstzweifel und ein generelles Schamgefühl
Initiative vs. Schuld *(3.–6. Lebensjahr)*	• die Identifikation mit den Eltern erfolgt zusammen mit dem Wunsch, ihnen nachzueifern • der Prozess der Identifikation ist mit der Übernahme der elterlichen Regeln und Normen verbunden, die Kinder empfinden daher Schuldgefühle, wenn sie sich nicht nach diesen richten • Kinder entwickeln zunehmend höhere Ziele und versuchen, diese auch umzusetzen • entscheidend ist die Balance zwischen Initiative und Schuldgefühl – hohe Standards können sie dann erreichen, wenn ihnen hinreichende Möglichkeit zum Ausprobieren gewährt wird, ohne dabei von der Angst verfolgt zu werden, sich bei einem Scheitern schuldig fühlen zu müssen

Stufenmodell der psychosozialen Entwicklung nach Erik H. Erikson	
Stufen der psychosozialen Entwicklung nach Erikson	zentrale Merkmale
Werksinn vs. Minderwertigkeit *(6. Lebensjahr bis Pubertät)*	• analog zu Freud findet in dieser Stufe vornehmlich die Ich-Entwicklung statt: Kinder konzentrieren sich auf den Erwerb von weiteren sozialen und kognitiven Fertigkeiten, sie verfestigen aber auch die bereits erworbenen Fertigkeiten • es wird gelernt, sich auf seine Arbeiten zu konzentrieren und eigene Möglichkeiten im Zusammenspiel mit Gleichaltrigen zu erproben • erlebte Erfolge fördern das Kompetenzerleben, erlebte Misserfolge begünstigen Minderwertigkeitsgefühle
Identität vs. Rollendiffusion *(ab der Pubertät)*	• das Jugendalter ist von rasch ablaufenden körperlichen Entwicklungsprozessen geprägt • Jugendliche sind bemüht, eine eigenständige Identität zu erlangen: soziale Beziehungen werden ausgebaut, erste intime Kontakte und sexuelle Erfahrungen werden gesammelt • Jugendliche sehen sich erhöhten sozialen Anforderungen ausgesetzt und beginnen, wichtige Entscheidungen zu treffen, so etwa in Bezug auf ihren weiteren schulischen respektive beruflichen Werdegang; in vielerlei Hinsicht ist eine Wahl zwischen vielfältigen Optionen möglich, die Frage, wer sie eigentlich sind und welche Position sie in der Gesellschaft einnehmen möchten, müssen die Jugendlichen für sich beantworten
Intimität vs. Isolation *(frühes Erwachsenenalter)*	• Identitätsfindung ist letztendlich vor allem charakterisiert durch die Ausbildung eines eigenständigen Werte- und Normensystems, dieses stellt die elementare Basis für die Orientierung im sozialen Gefüge dar; ohne eine solche Orientierung kommt es zu einer unvollständigen Identitätsbildung mit einer verzerrten Selbstwahrnehmung
Generativität vs. Stagnation *(mittleres Erwachsenenalter)*	• das Individuum ist zunehmend gefordert, enge Beziehungen zu anderen Personen eingehen zu können (sich emotional, moralisch oder sexuell auf diese einzulassen), damit können stets auch individuelle Einschränkungen verbunden sein • gelingt diese Passung nicht, besteht die Gefahr der Isolierung

Stufenmodell der psychosozialen Entwicklung nach Erik H. Erikson	
Stufen der psychosozialen Entwicklung nach Erikson	zentrale Merkmale
Ich-Integrität vs. Verzweiflung *(hohes Erwachsenenalter)*	• die Selbstfindungsphase ist zumeist abgeschlossen, die Aufmerksamkeit richtet sich dann vor allem auf die Gründung einer Familie resp. auf Verpflichtungen im Beruf oder auf anderen gesellschaftlichen Ebenen • wurden die bisherigen Stufen weniger erfolgreich gelöst, ist es möglich, dass das Individuum wenig Zukunftsorientierung entwickelt bzw. sich weiterhin zu stark auf seine eigene Person kapriziert
(in Anlehnung an Schweer & Schulte-Pelkum, 2017)	

Es lohnt sich insofern für jeden Einzelnen von uns, aber auch für das Funktionieren unseres gesellschaftlichen Systems insgesamt, wenn verstärkt Vertrauen als Vorschuss investiert wird. Auf diese Weise steigt die Wahrscheinlichkeit vertrauensvoller Erfahrungen, dies verbunden mit einem Mehr an Zufriedenheit, Wohlergehen, Engagement, Übernahme von Verantwortlichkeit und psychischer Stabilität. Ein solches Engagement setzt bei der Sensibilität für die eigenen Wahrnehmungs- und Bewertungsprozesse an, es ist verbunden mit einer grundsätzlich wohlmeinenden, aber durchaus auch den kritischen Blick nicht verlierenden Haltung in der Auseinandersetzung mit der sozialen Umwelt.

Echtheit und Authentizität

Es ist nicht verwunderlich, dass die drängenden gesellschaftlichen Fragen unserer Zeit mit den damit verbundenen Unsicherheiten und Ängsten in weiten Teilen der Bevölkerung die Bedeutung des (fehlenden resp. schwindenden) Vertrauens in besonderer Weise in den Fokus gerückt haben, hinzu kommen Skandale und Krisen, welche die Funktionsfähigkeit etablierter sozialer Institutionen in Frage stellen. Stichworte für solche Unsicherheiten und Ängste sind in unvollständiger Auflistung Corona-Krise, Zuwanderungsproblematik, Klimawandel, Nachhaltigkeit, Sicherheitserleben, Digitalisierung, demografischer Wandel, Veränderungen innerhalb des Bildungssystems, Globalisierung im Wirtschafts- und Finanzwesen, Niedrigzinspolitik, Wohnraumnot. Beispiele für Skandale und Krisen sind die Missbrauchsfälle in den kirchlichen Einrichtungen, die Verwendung schädlicher Stoffe in der Industrie, unlauteres Handeln im Gesundheitswesen (etwa im Zuge von Organspenden), fake news, Abgasaffäre in der Automobilindustrie.

Der Blick auf Anzahl und Inhalt fach- sowie populärwissenschaftlicher Publikationen zum Vertrauensphänomen lässt dementsprechend über die Disziplingrenzen hinweg einen entsprechenden Fokus auf Fragen der Optimierung von Organisationskulturen, der Kundenbindung und der Bildungsprozesse erkennen. In die Bevölkerung kommunizierte Vertrauensslogans lassen jedoch zumindest vorsichtige Zweifel dahingehend aufkommen, ob nicht an manchen Stellen der strategische Gebrauch (vielleicht sogar der Missbrauch) von Vertrauen im Vordergrund derartiger Maßnahmen steht, weniger hingegen das ehrliche Bemühen damit werbender Organisationen um Vertrauen aus einer grundsätzlichen Überzeugung heraus.

So werben Organisationen mit Vertrauen – ausgewählte Beispiele

Veranlagung verlangt Vertrauen (Allianz Investmentbank)
Vertrauen muss verdient werden (Amundi)
Vertrauen & Verantwortung (BioBio, Netto-Eigenmarke)
Vertrauen ist der Anfang von allem (Deutsche Bank)
Ich vertrau der DKV (Deutsche Krankenversicherung)
Arzneimittel Ihres Vertrauens (Hexal)
Vertrauen Sie Nescafé – Ihrem Nescafé vertraut die Welt! (Nestlé)
100 Jahre Hautpflege. 100 Jahre Vertrauen (Nivea)
Vertrau pink. Vergiss Flecken (Vanish)

Steht also das Vertrauen als Wert an sich im Fokus der Bemühungen oder gelten diese vielmehr in allererster Linie dem eigenen antizipierten Nutzen? Die Gefahr, dass strategisches Handeln über kurz oder lang entlarvt wird, ist groß; genau diesen Effekt kann eine Reihe von sozialpsychologischen Arbeiten (Mummendey, 1995) belegen, die sich mit dem Phänomen beschäftigen, dem Gegenüber ein gezieltes Bild über sich vermitteln zu wollen, das allerdings mit den persönlichen Überzeugungen nicht übereinstimmt. Schließlich bilden sich Überzeugungen und Haltungen, sei es gegenüber einzelnen Personen, Personengruppen oder auch sozialen Systemen, meist nicht von heute auf morgen, sie unterliegen einer ganz eigenen Beziehungsgeschichte. Gerade auch im Falle der Vertrauensentwicklung ist diese Geschichte mit Höhen und Tiefen, Ups und Downs, mit einer Intensivierung und möglicherweise mit einem Abbau erlebter Intensität verbunden. Vertrauen steigt im Zuge eines dynamischen Prozesses eben in den allermeisten Fällen nicht kontinuierlich linear an, ohne dass es Schwankungen gibt.

Zudem lässt jede Fassade, die über einen längeren Zeitraum in der Interaktion aufgebaut werden muss, die Beziehung zu einer Farce werden. Es fällt den meisten Menschen nicht umsonst sehr schwer, anderen auch nur für einen kurzen Zeitraum etwas vorzuspielen – dies sogar in Fällen, in denen hinter dieser Maske sehr löbliche, manches Mal sogar altruistische Motive stehen, bspw. wenn einer schwerkranken Person aus Rücksicht auf seine psychische Gesamtbefindlichkeit Details von der Ernsthaftigkeit ihres Leidens verschwiegen werden sollen. Darüber hinaus ist zu bedenken, dass sich im Falle des face-to-face Austauschs der Interaktionspartner stets ein Wechsel aus Aktion und Reaktion vollzieht, das bereits erwähnte Prinzip der Wechselseitigkeit ist zentrales Element der Beziehungsgeschichte und erschwert überdies die Strategie unechten Verhaltens.

Ungeachtet dieser eher rationalen Argumente verbietet es sich aus einer moralisch-ethischen Perspektive, das sensible Gut des Vertrauens instrumentalisieren zu wollen. Denn Vertrauen ist untrennbar mit *Echtheit* und *Authentizität* verbunden. Wer sich also ehrlich um das Vertrauen eines anderen Menschen bemüht, bemüht sich um diesen Menschen mit seinen Stärken und Schwächen, mit seinen positiven und negativen Seiten. Hierbei macht es jedoch zweifelsohne einen deutlichen Unterschied, ob dem Handelnden tatsächlich an der Zufriedenheit, der Motivation und der psychischen Stabilität seines Gegenübers *um seiner selbst willen* gelegen ist, oder ob es nur darum geht, von einer zufriedenen, motivierten und psychisch stabilen Person zu profitieren. Und selbst wenn im Einzelfall die Übergänge durchaus fließend sein können, so bleibt die Forderung nach Echtheit und Authentizität als wesentliche Motoren im Vertrauensprozess unbestritten.

Ehrlichkeit und Authentizität sind allerdings nicht „nur" für die Ressource des Vertrauens, sondern vielmehr als übergreifende Grundhaltungen der Persönlichkeit für das Gelingen eines funktionierenden sozialen Miteinanders essentiell. Dies insbesondere auch vor dem Hintergrund, dass sich jeder Mensch tagtäglich mit der Aufgabe konfrontiert sieht, im privaten wie im beruflichen Bereich ganz unterschiedliche Rollen ausfüllen zu müssen, und dies möglichst gut – die Rolle der Mutter, der besten Freundin, der treusorgenden Ehefrau und der stets kompetenten und engagierten Abteilungsleiterin. Dabei können nun aber die Erwartungen an ebendiese Rollen gleichermaßen komplex und durchaus divergent sein, zum einen bezogen auf die Erwartungen an die unterschiedlichen Rollen (treusorgende Ehefrau und stets kompetente wie engagierte Abteilungsleiterin), zum anderen bezogen auf die Erwartungen verschiedener Personen(gruppen) an ein und dieselbe Rolle (Erwartungen der Vorgesetzten und der Kollegen an die Abteilungsleiterin, etwa mit Blick auf ihre Loyalität in Konfliktsituationen). Sehr häufig agieren und reagieren Individuen in ihren Rollen automatisiert und folgen routinisierten Handlungsschemata, immer wieder jedoch geraten sie in Zwickmühlen, die eine Entscheidung für die eine oder eben andere Richtung erfordern. Angesichts der Fülle von Erwartungen, die an sie gestellt werden, ist es durchaus beachtlich, wie dieser Spagat bei den meisten Menschen im Großen und Ganzen schadlos überstanden wird.

Umso wichtiger ist es, dass bei all diesem (für das soziale Funktionieren ja unerlässlichem) Rollendenken und -handeln der *Kern* des eigenen Denkens, Fühlens und Handelns nicht verloren geht. Also eben das, was jeden Einzelnen als Persönlichkeit auszeichnet und stets die Grundlage für das Ausfüllen all dieser Rollen sein sollte, seien sie noch so unterschiedlich. Das Charakteristische einer jeden Persönlichkeit (quasi der eigene psychologische Fingerabdruck) sollte sich als wiederkehrender, dauerhafter und stets aufs Neue erkennbarer substantieller Boden dieser unterschiedlichen Rollen wiederfinden. Dieses individuelle Muster auf dem psychologischen Finger bildet die Quelle der Echtheit und Authentizität, dieses Muster aufrechtzuerhalten stellt eine wesentliche Aufgabe von Persönlichkeitsbildung und -entfaltung dar. Ansonsten spielen Menschen (unterschiedlich gut) im wörtlichen Sinne nur Rollen (vergleichbar mit dem Schauspieler im Theater), die allerdings nur wenig mit der eigenen Person gemein haben. Nicht ohne Grund unterscheidet die psychologische Forschung (Ulich, 2001) zwischen *antizipatorischen Erwartungen* als Erwartungen an das Verhalten einer Person vor dem Hintergrund bisheriger Erfahrungen mit dieser („Abteilungsleiterin Maier wird wieder einmal in seiner Haltung einknicken, das hat sie in der Vergangenheit ja auch bereits mehrfach getan.“) und *normativen Erwartungen* als Soll-Forderungen, die sich auf die Bestimmungsstücke einer Rolle beziehen, die eine Person innehat („Als Abteilungsleiterin müssen wir als Kollegen von Frau Maier erwarten können, dass sie sich für unsere Interessen bei der Firmenleitung einsetzt.“).

Von den vielfältigen Herausforderungen in unserer Gesellschaft wurde bereits gesprochen, ebenso von den damit verbundenen Unsicherheiten und Ängsten der Akteure, die sich mit diesen Herausforderungen konfrontiert sehen. Dies mag im Großen und im Kleinen in unterschiedlich starkem Ausmaß gegeben sein. Und dennoch: Erscheinungsformen der Entsolidarisierung und der Individualisierung, der fehlenden Solidarität und gefühlten Verantwortung für das Allgemeinwesen sowie ein zunehmender Leistungs- und Konkurrenzdruck in einem immer schnelllebigeren Miteinander sind uns alle herausfordernde Warnsignale dafür, dass der Gesellschaft gleichermaßen auf kollektiver wie individueller Ebene die Sensibilität für die Bedeutung von Echtheit und Authentizität zu verloren gehen droht. Ein deutlicher Anstieg von psychisch bedingten Krankheitsformen, und dies keineswegs „nur" bei der älteren Generation, unterstützt diese Annahme; so haben einer Untersuchung der Versicherung DAK (2019) zufolge die Arbeitsunfähigkeiten aufgrund psychischer Erkrankungen seit 1997 drastisch zugenommen (+208%), während Erkrankungen im Allgemeinen „lediglich" um 31% gestiegen sind.

Zum Anstieg psychischer Erkrankungen in der Arbeitswelt

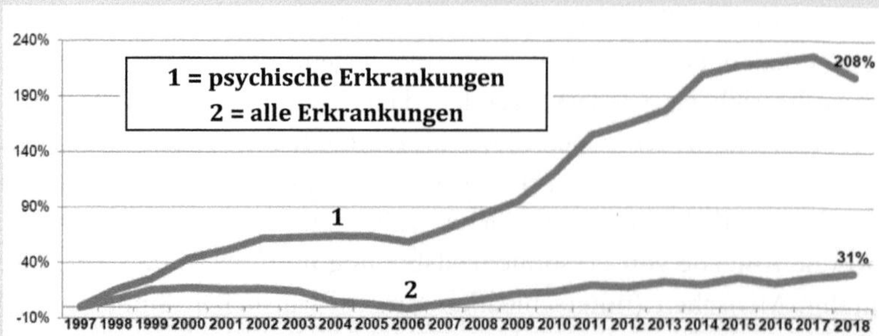

(mod. nach https://www.dak.de/dak/bundes-themen/dak-psychoreport-2019-dreimal-mehr-fehltage-als-1997-2125486.html) [17.06.2020]

Weder können Menschen in ihren Rollen quasi nach Beliebigkeit hin- und herwechseln, noch sind die Rolleninhaber beliebig austauschbar. *Achtsamkeit* für die Individualität eines jeden Einzelnen ist ein Zeichen für das Interesse am und das Bemühen um den anderen, es muss in der heutigen Zeit wieder verstärkt in den Fokus aller Akteure treten.

Vertrauensbrüche und als unecht entlarvtes Verhalten wiegen schwer. Menschen fühlen sich in solchen Situationen enttäuscht und ausgenutzt, hinzu kommen Ärger und Unverständnis über die eigene Person, auf einen Betrug hereingefallen zu sein. Da Vertrauen bekanntermaßen viel leichter zu verspielen als aufzubauen ist (sprichwörtlich kommt es ja zu Fuß und geht im Galopp), bedarf es erheblicher Vorleistungen gegenüber dem Enttäuschten, um eine tragfähige Beziehung sukzessive wieder aufbauen zu können – oftmals gelingt ein solches Unterfangen allerdings nicht mehr, zu schwer wiegen Frustration und (innerer) Rückzug.

So verständlich diese Reaktionen sind, so wichtig ist es allerdings auf der anderen Seite, sich nach einer Phase des Innehaltens und Reflektierens über das Geschehene stets die *Offenheit für eine zweite Chance* zu bewahren. Zu einer humanistisch geprägten Grundhaltung gehört eben am Ende des Tages auch die Erkenntnis, dass Menschen (andere und die eigene Person) immer wieder Fehler machen. Es kommt letztendlich darauf an, diese Fehler offenzulegen, einzugestehen und hieraus zu einer glaubwürdigen Veränderung zu kommen. Der altbekannte Satz „Aus Fehlern lernt man!" zielt im Kern genau darauf ab, und viele öffentlich gewordenen Skandale in der Vergangenheit lassen erkennen, dass das eigentliche Problem weniger in den gemachten Fehlern zu suchen ist, sondern vielmehr in der Art und Weise, wie mit diesen Fehlern umgegangen worden ist. Typische Strategien eines schädigenden Umgangs sind nämlich das Verschleiern von Wahrheiten, die Salami-Taktik, bei der nur das eingestanden wird, was sich ohnehin nicht mehr verbergen lässt, oder auch die Abwälzung der Verantwortung auf andere.

Einem *inneren Rückzug* als Folge erlebter Enttäuschung kann nur durch aufrichtige und ehrliche Kommunikation begegnet werden. Dies ist besonders dringlich, wenn Beziehungen nicht freiwillig und zudem von einer ungleichen Machtverteilung gekennzeichnet sind. Ein Mitarbeiter kann sich nicht einfach von seinem Arbeitsplatz zurückziehen, ein Schüler kann nicht die Klasse verlassen, ein Sohn bleibt weiterhin Teil der Familie. Je länger Beziehungen durch einen Zustand des Schweigens und der getrennten Wege geprägt sind, umso schwieriger wird es, noch einmal den richtigen Anknüpfungspunkt zu finden, um sich erneut aufeinander zuzubewegen. Der sprichwörtliche Sprung über den eigenen Schatten fällt mit fortgeschrittener Zeit immer schwerer.

Ferner müssen wir uns darüber im Klaren sein, dass gemachte negative Erfahrungen keineswegs auf den Einzelfall beschränkt bleiben, sie führen vielmehr zu generalisierten Erwartungshaltungen, die einen veränderten Blick auf die Umwelt zur Konsequenz haben. Getreu dem Motto „das gebrannte Kind scheut das Feuer" wird aus dem Lehrer Müller die gesamte Lehrerschaft, vom Verhalten der Ärztin Krüger schließt man auf alle Ärzte und die schlechten Erfahrungen mit dem Mitarbeiter Schulte verändern gravierend den Blick auf die Zuverlässigkeit von Belegschaften im Grundsätzlichen. Derartige Generalisierungen in Richtung einer zunehmend skeptischeren Haltung sind einerseits psychologisch verständlich, andererseits bleiben sie fatal, da die Chancen auf vertrauensvolle Begegnungen eben erheblich eingeschränkt werden. Je stärker sich das Individuum in einem unterstützenden und vertrauenswürdigen sozialen Umfeld bewegt, umso eher ist es in der Lage, auch aus Erfahrungen der Enttäuschung konstruktive Lehren zu ziehen und sich die innere Bereitschaft für eine zweite Chance zu bewahren.

Der Grundgedanke des humanistischen Menschenbildes

Die Absicht, sich immer wieder aufs Neue um das Vertrauen seiner Mitmenschen zu bemühen und auf ein Leben in wechselseitig wertvollen und bereichernden Beziehungen hinarbeiten zu wollen, entspringt einem Verständnis von sich und der Welt, das wesentlich von den Kernannahmen des *humanistischen Menschenbildes* geprägt ist.

In der historischen Entwicklung der Psychologie als Wissenschaftsdisziplin gilt die humanistische Psychologie als sogenannte *dritte Kraft*, sie akzentuiert Ganzheitlichkeit und Selbstentfaltung der menschlichen Psyche und hat ihre Wurzeln auch in der Abgrenzung von stark biologistisch geprägten Annahmen der Psychoanalyse sowie den Reiz-Reaktions-orientierten Lernmodellen des Behaviorismus (Bühler & Allen, 1991). Prominente Vertreter und Gründungsmitglieder der *Gesellschaft für Humanistische Psychologie* sind Carl Rogers (1902–1987), Abraham Maslow (1908–1970) und Charlotte Bühler (1893–1974) gewesen, die Gesellschaft hat sich 1962 in den USA gegründet. Selbstverständlich gibt es nicht *die* humanistische Psychologie, vielmehr haben sich über die Zeit unterschiedliche Ansätze, Schwerpunkte und Differenzierungen herauskristallisiert, die durchaus (wie dies für wissenschaftliche Forschung und deren Ergebnisse generell gilt) jeweils einer kritischen Prüfung zu unterziehen sind, dennoch sind die Grundgedanken des Humanismus als rahmengebende Orientierung für das soziale Miteinander von substantieller Bedeutung.

Humanismus als Herausforderung

Wir dürfen den Menschen nicht nur als das sehen, was er ist, sondern müssen erkennen, wie er sein kann.
(Abraham Maslow, o.J.)

Im Kern geht das humanistische Menschenbild von einer sehr einfachen Prämisse aus: Der Mensch ist von Natur aus und im Grunde seines Wesens gut. Dabei leugnet der Humanismus keineswegs, dass es Individuen und Gruppen gibt, die sich böse, hinterhältig, gemein, zerstörerisch oder sogar grausam verhalten, Beispiele hierfür finden sich in Vergangenheit und Gegenwart leider viel zu viele. Es ist aber eben nicht die Natur des Menschen, die solche Handlungsmuster hervorbringt, vielmehr sind es die Lebensbedingungen und Erfahrungen, denen Menschen mit ihrer jeweiligen (diese Muster begünstigenden) Persönlichkeitskonstellation ausgesetzt (gewesen) sind. Gerade angesichts der immer wieder heftig diskutierten Frage nach den Voraussetzungen für eine bessere und gerechtere Welt wird also beim Humanismus der Fokus gerichtet auf die vielen unzureichenden, ungerechten und in Teilen durchaus skandalösen Bedingungen weltweit bestehender gesellschaftlicher Strukturen, ohne deren Veränderung keine nachhaltigen Verbesserungen zu erwarten sind.

Oder können wir tatsächlich glauben, dass ein friedliches Miteinander angesichts der tagtäglich zu beobachtenden Diskrepanzen hinsichtlich der Zugangsmöglichkeiten zu Bildung, Arbeit und Wohlstand möglich ist? Müssen wir uns darüber wundern, dass illegitime Mittel eingesetzt werden, um Ziele anzustreben, die für die einen ganz selbstverständlich, für die anderen hingegen völlig unerreichbar sind? Der Begriff vom *Asyltourismus* als zynische Umschreibung der Flüchtlingsproblematik wurde nicht umsonst 2018 am häufigsten als Unwort des Jahres vorgeschlagen, die als Unwort schließlich „gewählte“ Bezeichnung der *Anti-Abschiebe-Industrie* folgt dem gleichen Gedanken. Nicht umsonst wird in klassischen anomietheoretischen Ansätzen zur Erklärung devianten Verhaltens (prominente Vertreter sind etwa Emile Durkheim [1858–1917] und Robert Merton [1910–2003]; DiCristina, 2016) ausgeführt, dass gesellschaftliche Krisen und Ungleichgewichte die geltenden Normen als Indikator eines kollektiven Übereinkommens in Frage stellen, Kriminalität ist eine mögliche Reaktion auf diesen Zustand.

Die *Haltung des Einzelnen zum Einzelnen* stellt den Ausgangspunkt für eine tatsächliche Veränderung von Verhältnissen in systemischer Hinsicht dar. Wer nämlich sein Gegenüber als im Kern gut und positiv begreift, wird diesem mit Respekt, Wertschätzung und Achtung begegnen. Eine solche Haltung stellt die eigene Person nicht über den anderen, sie stellt sie in eine Reihe mit den anderen.

Die Wahrnehmung, dass unsere Gesellschaft von Tendenzen der Individualisierung und der Entsolidarisierung, von Wettbewerb und Profitdenken sowie von Oberflächlichkeit und fehlendem kritischen Engagement geprägt sei, ist in dieser Pauschalität sicherlich unzutreffend, in Teilen jedoch zweifelsfrei korrekt. Denn zu häufig wird doch als leitende Handlungsmaxime anstelle des Miteinanders das Gegeneinander propagiert. Zielführend und erstrebenswert erscheint dabei, stets besser als der andere zu sein, sich ihm gegenüber profilieren und bewähren zu können und zu müssen. Der soziale Umgang ist folgerichtig nicht von dem Primat der Wertschätzung, der Achtung und des Respekts geprägt, Gerechtigkeit und Fairness drohen auf der Strecke zu bleiben. Ein typisches Beispiel aus dem Leistungssport ist hierfür das seit vielen Jahren äußerst erfolgreiche Buch *Winning ugly*. In diesem Buch (Gilbert & Jamison, 1997) beschreiben der ehemalige Tennisprofi Brad Gilbert und der Erfolgsautor Steve Jamison, wie Tennisspieler dadurch zu mehr Erfolg auf dem Platz gelangen können, indem sie u.a. mit regelgerechtem, allerdings absolut unfairen Verhaltensweisen ihre Gegner zu verunsichern und mental zu „brechen“ versuchen. Hinter diesem Grundtenor des Buches verbirgt sich die Frage, ob alles, was legal ist, damit auch legitim ist – und ob Erfolg mit legalen, moralisch jedoch bedenklichen Mitteln tatsächlich positiv sanktioniert werden oder nicht im Gegenteil viel stärker eine Kultur des Anstandes und der Fairness im Umgang miteinander Primat des Handelns sein sollte. Die deutsche Politikwissenschaftlerin Ilona Kickbusch, die gerade auch für ihre Analysen im Kontext der Gesundheitsförderung bekannt ist, hat bereits vor knapp fünfzehn Jahren darauf hingewiesen, dass der oben bereits erwähnte Anstieg psychischer Erkrankungen dem „immer schnelleren Wandel von Lebens-, Arbeits- und Umweltbedingungen“ geschuldet sei (Kickbusch, 2006, S. 15). Und der Sozialpsychologe Heiner Keupp fordert 2010 (S. 132) „neben einer psychodiagnostischen auch eine gesellschaftsdiagnostische Einordnung [als Quintessenz der] in den letzten Jahrzehnten registrierte[n] Zunahme etwa von Depression, Burn-out-Erfahrungen, Borderline- und Essstörungen“. Gut zehn Jahre später ist jedoch ein positiver Trend nicht auszumachen, eher das Gegenteil scheint der Fall zu sein.

Gerne wird in diesem Zusammenhang auf die Spielregeln einer Leistungsgesellschaft hingewiesen, an denen man sich eben orientieren müsse, um zu überleben. Tatsächlich lassen sich in wirtschaftswissenschaftlichen Debatten (Luca & Luca, 2019) durchaus Bezüge zu einer evolutionären Interpretation von ökonomischen Zusammenhängen finden. Das Prinzip des Sozialdarwinismus' überträgt das Überleben der Bestangepassten („*survival of the fittest*") in gesellschaftliche Kontexte als ein Überleben des Stärkeren, womit aus dem ursprünglichen Konzepts Darwins ein Kampf „*jeder gegen jeden*" um lebensnotwendige Ressourcen resultiert, der in der deutschen Vergangenheit schon einmal in nationalsozialistischer Propaganda mündete.

Der Mensch ist aber von seinem Wesen kein Einzelkämpfer, er agiert in sozialen Gruppen, er ist auf den Austausch mit und auf die Unterstützung durch andere angewiesen. Eine Vielzahl von wissenschaftlichen Untersuchungen belegen insofern sehr eindrucksvoll die gravierenden negativen Konsequenzen von *Deprivation* (Knies, Melo, Patricia & Zhang, 2020) als Entzug bzw. Vorenthaltung bedürfnisbefriedigender Objekte und Reize. So tritt das bekannte Phänomen des Hospitalismus' vor allem bei solchen Kindern auf, die ohne emotionale familiäre Unterstützung aufwachsen (*fehlende Nestwärme*), Hospitalismus äußert sich etwa in einem (zum Teil deutlich) verzögerten Erwerb motorischer und verbaler Fähigkeiten oder auch in allgemeinen Anpassungsschwierigkeiten des heranwachsenden Kindes.

Insofern benötigt jedes Individuum genau das, was den Humanismus in seinem Kern ausmacht, nämlich Beachtung und Respekt, Anerkennung und Wertschätzung. Vieles in unserem sozialen Miteinander und den damit verbundenen rahmenden gesellschaftlichen Strukturen scheint sich derzeit in eine Richtung zu bewegen, die diesen elementaren Bedürfnissen des Menschen entgegenläuft – und auf diese Weise das soziale Gefüge insgesamt in Frage stellt.

Die Frage des Umgangs mit *Solidarität* als einem Charakteristikum einer funktionierenden Gesellschaft haben wir alle hautnah im Zuge der Corona-Krise erfahren, sie stellt sich für viele Herausforderungen im sozialen Miteinander, so etwa auch mit Blick auf den demografischen Wandel. Die zunehmende Alterung der Gesellschaft macht eine verstärkte Solidarität zwischen Jung und Alt dringend erforderlich, tatsächlich wird aber viel zu häufig die Diskussion auf die Befürchtung eingeschränkt, Nachteile zugunsten der anderen Gruppe erleiden zu müssen.

Zum Umgang der Generationen miteinander im Zuge des demografischen Wandels

Unsere Gesellschaft ändert sich dramatisch. Wir werden immer älter und damit immer mehr Alte. Zugleich kommen geburtenschwache Jahrgänge nach. Meine Antwort auf diese Herausforderung ist: Wir rücken zusammen! Wenn das gelingt, haben wir alle, Jung und Alt, eine attraktive Lebensperspektive.

(Dr. Henning Scherf, ehem. Bürgermeister der Freien Hansestadt Bremen, im Generalanzeiger Bonn am 07.03.2018; Elsen, 2018)

Das Prinzip des familiären Versorgungssystems als eine Art moralischer Generationenvertrag zwischen Großeltern, Eltern und Kindern ist in weiten Teilen außer Kraft gesetzt und mittlerweile beinahe schon eher die Ausnahme als die Regel. Dass sich die Verhältnisse im Erwerbsleben so verändert haben, dass eine solche Solidarität gar nicht mehr praktizierbar sei, ist dabei nur die halbe Wahrheit. Viel zu gerne wird viel zu häufig diese Aufgabe an staatliche Versorgungssysteme übertragen, um sich aus der persönlichen Verantwortung heraus zu stehlen. Gefördert wird diese Entwicklung durch den bei vielen Menschen immer noch vorherrschenden defizitorientierten Blick (Voss & Rothermund, 2019) auf das Alter(n), verbunden mit Mangel, Last, Krankheit und Einschränkung, während die erheblichen positiven Potenziale (bspw. die Nutzung von freiwerdenden Ressourcen oder auch das erhebliche Erfahrungspotenzial für gemeinnütziges Engagement) und vor allem auch der bereichernde Austausch zwischen den Generationen zu wenig Aufmerksamkeit erfahren – trotz einer Reihe von mittlerweile sich etablierenden innovativen Projekten wie Mehrgenerationenhäuser, Alten-Wohngemeinschaften oder auch speziellen Angeboten für Demenzkranke.

Innovative Projekte im Zuge des Alter(n)s

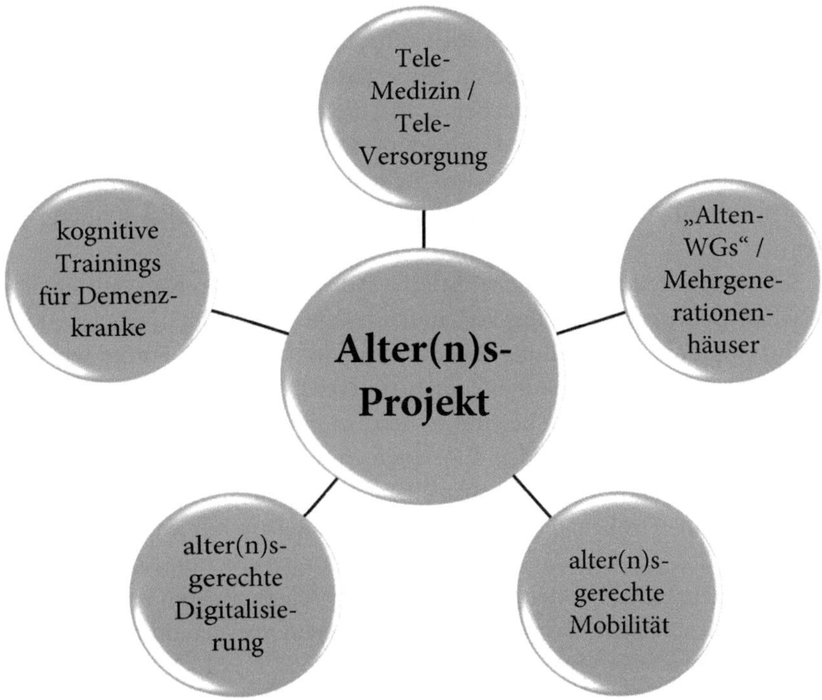

Die grundlegende Haltung, seinen Mitmenschen mit Respekt, Wertschätzung und Achtung zu begegnen, impliziert als logische Konsequenz, sich um ihr Vertrauen zu bemühen, ihnen also vertrauen zu *wollen*. Sicherlich durchaus verbunden mit einem offenen Blick für etwaige Warnsignale wird das mit einem Vertrauensvorschuss einhergehende Risiko getragen, da dem Gegenüber zunächst keine Absicht unterstellt wird, den gegebenen Vorschuss zu missbrauchen resp. dem Vertrauensgeber Schaden zuzufügen.

Eine solche Haltung ist eine grundlegende und in diesem Sinne zunächst einmal *adressatenunspezifisch*, sie richtet sich dementsprechend nicht nur an gezielt ausgesuchte Personen(gruppen). Verbunden damit ist die Bereitschaft, sich auch auf die bereits diskutierten möglichen Fehlerquellen im eigenen Urteil einzulassen, offen für etwaige Wahrnehmungsverzerrungen zu sein und zugleich den Schwächen des anderen mit Weitsicht und Großmut zu begegnen.

Gemeint sind damit keineswegs idealisierte Menschenbilder oder gar, wie der frühen Humanistischen Psychologie gerne unterstellt wurde, „Welterlösungsphantasien“ (Hutterer, 1998). Vielmehr geht es darum, die Potenziale für eine befriedigende individuelle Lebensführung und ein bereicherndes soziales Miteinander zu fördern – ganz im Sinne der Erkenntnisse der *Positiven Psychologie* (Seligman & Schuhmacher, 2015), die ihren Blick eben nicht in erster Linie auf die pathologischen Erscheinungsformen der menschlichen Psyche richtet, sondern sich stattdessen dem Stellenwert von Glück, Vertrauen, Wertschätzung und Achtsamkeit für eine gesunde Persönlichkeitsentfaltung widmet.

Selbstverständlich sind humanistische Annahmen durchaus mit einer gesellschaftspolitischen Haltung verbunden. Denn Politik ist „jegliche Art der Einflussnahme und Gestaltung sowie die Durchsetzung von Forderungen und Zielen, sei es in privaten oder öffentlichen Bereichen“ (Schubert & Klein, 2018, S. 161). Politisches Agieren beginnt insofern zunächst im Kleinen, nämlich im sozialen Nahraum eines jeden Einzelnen, um dann überzugehen zu einer Verantwortung auf gesellschaftlicher Ebene bis hin zu einer weltanschaulichen Perspektive im Großen. Die Realisierung humanistischer Prinzipien in der Familie, in den Kitas, in der Schule und auch im beruflichen Kontext begünstigt ein Miteinander, bei dem sich individuelle Möglichkeiten besser entfalten sowie Ungleichheiten ausgeglichen und gerechtere Verteilungen gefördert werden können. Der Psychologe Reinhard Tausch (1921–2013) gilt für den deutschsprachigen Bereich zusammen mit seiner Frau Anne-Marie (1925–1983) sicherlich als wesentlicher Wegbereiter einer humanistischen Tradition, ihre beiden Forschungsarbeiten (gerade auch im pädagogischen Kontext) haben die diesbezügliche Forschung vorangetrieben, zudem sind sie wichtige Vertreter der wissenschaftlichen Gesprächspsychotherapie.

Sozial-ethische Grundhaltungen als Leitlinien des sozialen Miteinanders

Die wirksamen Verhaltenseinstellungen der Gesprächspsychotherapie – aufrichtige Respektierung, Achtung, Sorgen sowie Verstehen der Erlebniswelt des Klienten – sind zugleich allgemein bedeutsame sozial-ethische Grundhaltungen, förderlich für das menschliche Zusammenleben. Sie sind nachgewiesenermaßen auch die wesentlich förderlichen Haltungen bei zwischenmenschlichen Beziehungen (Partnerschaft, Familie, Freunden).

(Gesellschaft für wissenschaftliche Gesprächspsychotherapie e.V., 2002)

Anstatt sich aus seiner individuellen Verantwortung für das Gemeinwohl zu verabschieden, bedarf es gerade in einer Gesellschaft, die mit ihren komplexen Herausforderungen viele Menschen zu überfordern scheint, vermehrt konstruktiver (auch kollektiver) Haltungen dahingehend, mit dem eigenen Handeln in seinem sozialen Nahraum substantielle Wirkungen hinterlassen zu können. Mit Blick auf die politischen Entscheidungsprozesse in unserem Land resultiert hieraus in der Konsequenz, keinesfalls zu resignieren und sich zurückzuziehen, sondern vielmehr immer wieder aufs Neue das Wagnis des genauen Hinsehens einzugehen, sich zu empören und zu engagieren; sei es hinsichtlich der Abgasaffäre in der Automobilindustrie, des globalen Klimawandels, der Missbrauchsaffären in den Kirchen und vieler weiterer Anlässe. Dabei trifft ein Wort Max Webers zu, welcher den erforderlichen langen Atem beschwört, wenn er politisches Handeln beschreibt als das langsame Bohren von harten Brettern mit Leidenschaft und Augenmaß zugleich (1919, S. 66).

Ein Menschenbild, das von gegenseitiger Wertschätzung, Achtung und Respekt geprägt ist, fördert das permanente Bemühen um vertrauensvolle Beziehungen und bildet somit eine zentrale Grundlage für ein menschlicheres Miteinander auf allen gesellschaftlichen Ebenen.

KAPITEL 4

WIR MÜSSEN LERNEN, UNS SELBST ZU VERTRAUEN

Bei den vielen Einlassungen in der öffentlichen und veröffentlichten Diskussion zum Vertrauensphänomen wird viel zu häufig ein ganz entscheidender Aspekt negiert, nämlich das Zusammenspiel von:

- ➔ Vertrauen, das Menschen (individuell oder kollektiv) anderen Personen resp. Institutionen entgegenbringen,
- ➔ Vertrauen, das Menschen über ebendiese Investition im Sinne des Prinzips der kleinen Schritte selber erfahren und
- ➔ dem Selbstvertrauen als wichtiger Motor dieses Prozesses, das wiederum über die initiierten Vertrauenserfahrungen gestärkt wird.

Vertrauen und Selbstvertrauen sind insofern eng miteinander verwoben, wobei zunächst einmal erfahrenes Vertrauen den Nährboden bietet, auf dem sich Selbstvertrauen entfalten kann.

Auf welche Weise soll ein jeder von uns ansonsten Vertrauen in die eigene Person aufbauen – wenn nicht über die Erfahrung, dass andere Menschen von unseren Fertigkeiten, Kompetenzen, Begabungen und Talenten überzeugt sind und diese Überzeugung auch in Wort und Tat kommunizieren?

Darüber hinaus spielt die Komponente der *Verlässlichkeit* eine wichtige Rolle, denn zu wissen, dass man auf seine primären sozialen Kontakte zählen kann, ist eine wesentliche Grundlage stabiler Vertrauensbeziehungen. Wie bereits angesprochen sind die frühen Bezugspersonen, welche die existentiellen Bedürfnisse des Kleinkindes befriedigen, bei diesem Entwicklungsprozess von vorrangiger Bedeutung. Doch ungeachtet dessen ist in den späteren Lebensjahren gleichermaßen die Erfahrung wichtig, sich auf das Zutrauen von persönlich wichtigen Interaktionspartnern verlassen zu können.

Diana Ross – Ain't No Mountain High Enough

If you need me, call me
No matter where you are
No matter how far
Just call my name
I'll be there in a hurry
On that you can depend and never worry
You see, my love is alive
It's like a seed that only needs the thought of you to grow

So if you feel the need for company
Please, my darling, let it be me
(https://www.songtexte.com/songtext/the-supremes/aint-no-mountain-high-enough-53d7bfed.html) [21.07.2020]

Vertrauen schafft resp. stärkt insofern Selbstvertrauen und zudem auch Selbstachtung. Jeder Mensch benötigt die kontinuierliche Erfahrung, dass ihm etwas zugetraut wird, dass ihm in der Folge etwas anvertraut wird und er darüber die Erfahrung machen kann, diverse Aufgaben mit Erfolg bewältigen zu können. Und im Falle des temporären Scheiterns besteht die Chance, aus den Erfahrungen zu lernen, Fehlerquellen zu identifizieren, die Dinge künftig besser zu machen oder auch die individuellen Stärken und Schwächen neu auszuloten. Dies bezieht sich keineswegs „nur" auf Lern- und Leistungssituationen, sondern ganz grundsätzlich auf die Herausforderungen, mit denen sich Menschen in der Auseinandersetzung mit ihrer Umwelt in den verschiedenen Lebensphasen konfrontiert sehen; in der Phase des Übergangs vom Jugend- zum Erwachsenenalter sind dies u.a. die Ablösung vom Elternhaus, der Übergang von Schule zur akademischen resp. beruflichen Ausbildung und der Aufbau intimer partnerschaftlicher Beziehungen (Montada, Lindenberger & Schneider, 2018).

Aus der Beobachtung im Alltag könnte man leicht zu dem Schluss gelangen, dass (fehlendes) Selbstvertrauen eine Facette der Persönlichkeit darstellt, die sich innerhalb einer Familie über Generationen hinweg zu vererben scheint. Es sind aber wohl weniger die Gene, sondern vielmehr die Erfahrungen, welche die Generationen miteinander machen. Denn Generationen lernen voneinander. Konkret: Sind die eigenen Selbstzweifel sehr stark ausgeprägt, fällt es logischerweise schwer, den Kindern überzeugend Selbstvertrauen zu vermitteln. In sich ruhenden und auf sich selbst vertrauenden Menschen fällt es hingegen um ein Vielfaches leichter, der nachkommenden Generation ebendieses vorzuleben und sie darin zu stärken. Unabhängig von den spezifischen Bedingungen im Einzelfall ist es für eine positive Persönlichkeitsentfaltung wichtig, dass sich hinreichend viele *Vorbilder* finden, die als solche akzeptiert werden und die sich aktiv darum bemühen, Vertrauen zu signalisieren und über diesen Weg das Selbstvertrauen nachhaltig zu unterstützen. Vorbilder, die achtsam dafür sind, wie schnell mit unbedachten Bemerkungen und Verhaltensweisen Prozesse der Entmutigung und des Selbstzweifelns forciert werden.

Beispiele für unbedachte Bemerkungen

Bist du sicher, dass du das hinbekommst?
Lass mich das mal lieber machen.
Vielleicht ist das einfach nichts für dich.
Stell dich doch nicht so ungeschickt an!
Sei doch nicht so ein Angsthase!

Solche Vorbilder müssen nun keineswegs nur Eltern, Großeltern oder Geschwister sein, es können Erzieher, Lehrer, befreundete Nachbarn oder entfernte Verwandte sein. Wichtig ist nur, dass diese Personen in ihrer Vorbildfunktion ernst genommen werden. Und selbstverständlich bedarf es solcher Vorbilder ein Leben lang und damit weit über die Kindheits- und Jugendphase hinaus, so etwa am Arbeitsplatz, im Sportverein und im Zuge des ehrenamtlichen zivilbürgerlichen Engagements. Insofern spiegelt der dynamische Kreislaufprozess von Vertrauen, Selbstvertrauen und Vertrauen eine Kultur der Gemeinschaft, Unterstützung und Solidarität wider, in welcher Egozentrismus und Wettbewerb um jeden Preis keinen Platz finden. Unsere Gesellschaft benötigt in einer Zeit zunehmender Abgrenzung und Vorurteilshaftigkeit gegenüber allem, was fremd und schwach erscheint, dringlich Menschen mit ausgeprägtem Selbstvertrauen und einer Grundhaltung, sich nicht über andere erheben zu müssen, um auf diese Weise an eigener Stärke zu gewinnen. Nicht umsonst ist es ein in der Organisationspsychologie bekanntes Phänomen (Laufer, 2007; Weissman & Zink-Kunnert, 2019), dass sich schwache Führungskräfte eben nicht gerne mit starken Mitarbeitern umgeben, sondern viel lieber mit den sogenannten Ja-Sagern, weil sie sich von ihnen nicht bedroht fühlen – fatal allerdings, wenn man dabei die Folgekosten für die Institution in ihrer Gesamtheit im Blick hat. Die gruppenpsychologische Forschung hat sich intensiv mit solchen *Auf- und Abwertungsprozessen* beschäftigt (Bierhoff & Frey, 2017), vor allem auch jüngere Ergebnisse zur gruppenbezogenen Menschenfeindlichkeit (Möller, 2017) lassen erkennen, wie die Abwertung von Gruppen im Zuge eines vorurteilsbehafteten Denkens und Handelns instrumentalisiert wird, um die eigene Gruppe (und damit sich selbst als Person) zu erhöhen und dahinterstehende Unsicherheiten und Ängste zu bekämpfen. Diese Befunde unterstreichen mit Nachdruck das Erfordernis, Selbstvertrauen (gerade auch im Zuge von Erziehung und Bildung) aktiv und stetig zu fördern – ein Selbstvertrauen, das seine Stärke aus der positiven Rückmeldung der Gemeinschaft bezieht und verankert ist in dem Wissen um die Bedeutung ebendieser als relevanter Anker sozialer Unterstützung. Eine solche Unterstützung ist im Kern durchaus vergleichbar mit der Erfahrung von *Fürsorge*, die Individuen gerade im Kindesalter im Kontakt mit den engen Bezugspersonen erfahren (sollten), ansonsten gelangen sie zwangsläufig zu der Überzeugung, das eigene Geschick nicht wirksam beeinflussen zu können (Siegler et al., 2016).

Selbstvertrauen und Selbstwertschätzung

Das erlebte Selbstvertrauen tangiert eine weitere, ganz wesentliche Facette der Persönlichkeit, nämlich die Selbstwertschätzung. Unter der Selbstwertschätzung lässt sich das Ergebnis der subjektiven Bewertung einer Person hinsichtlich spezifischer Facetten der Persönlichkeit oder auch der Persönlichkeit insgesamt subsumieren (Jünemann, 2016).

Es ist augenfällig, dass es für das psychische Wohlbefinden eines Menschen essentiell ist, inwieweit er sich selber wertschätzt und der Überzeugung ist, ein wertvoller Mensch zu sein. Denn diese Überzeugung ist eng verbunden mit der individuellen Einschätzung des sozialen Umfeldes: Inwieweit bin ich es wert, von anderen Menschen (gerade auch von denen, die mir wichtig sind) geschätzt, respektiert und gemocht zu werden? Und so, wie sich das Selbstvertrauen aus dem wahrgenommenen Vertrauen Dritter speist, ist Selbstwertschätzung das Ergebnis erfahrener Wertschätzung seitens der anderen.

Menschen leben und erfahren nun in erster Linie Formen der *bedingten Wertschätzung*, einer Wertschätzung also, die an die Erfüllung ganz konkreter Voraussetzungen geknüpft ist (Rammsayer & Weber, 2016). Diese Form der Wertschätzung basiert letztendlich auf dem bereits angesprochenen austauschtheoretischen Prinzip des Gebens und Nehmens als einem wesentlichen Motor einer funktionierenden Gesellschaft. Uns allen ist diese Form der Wertschätzung aus typischen Leistungssituationen bekannt: Der Schüler erfährt die Wertschätzung aufgrund seiner sehr guten Noten, der Sportler aufgrund seiner hervorragenden Wettkampfergebnisse, der Topmanager aufgrund der positiven Entwicklung des Unternehmens an der Börse.

So wichtig diese Form der Wertschätzung durchaus für das Individuum ist (und darüber hinaus selbstverständlich gleichermaßen Selbstvertrauen und Selbstwertschätzung fördert), so fundamental für die psychische Gesundheit und eine positive Persönlichkeitsentwicklung ist die zweite Form der Wertschätzung, nämlich die uns entgegengebrachte *unbedingte Wertschätzung* (ebd.). Mit unbedingter Wertschätzung ist eine Grundhaltung gemeint, anderen Menschen zunächst möglichst frei von konkreten Erwartungen und Ansprüchen zu begegnen. Unbedingte Wertschätzung ist also im wörtlichen Sinne nicht an Bedingungen geknüpft. Sie folgt damit nicht den für unsere Gesellschaft charakteristischen Prinzipien des Gebens und Nehmens, es ist vielmehr eine *einseitige* Investition des Gebens und folgt damit von ihrer Grundprämisse dem fundamentalen Prinzip des Vertrauens, nämlich dem Prinzip der einseitigen Vorleistung.

Unbedingte Wertschätzung fußt in humanistischer Tradition auf der Überzeugung, dass jeder Mensch von Natur aus gut ist, weswegen ihm auch mit Respekt und Achtung zu begegnen ist – ungeachtet dessen, welchen „Output" dieser Mensch liefert, über welche Stärken und Schwächen er verfügt, mit welchen Fehlern er behaftet sein mag. Die Bereitschaft und innere Verpflichtung zur unbedingten Wertschätzung gegenüber seinem sozialen Umfeld entspringt der Stärke der Selbstwertschätzung, die wiederum das Ergebnis selbst *erfahrener* unbedingter Wertschätzung ist. Auf diese Weise sind Wertschätzung und Selbstwertschätzung untrennbar verbunden mit dem Investieren und Erfahren von Vertrauen sowie mit dem Gewinnen von Selbstvertrauen.

Selbstvertrauen und die Investition von Vertrauen

Mit Selbstvertrauen fällt es dem Menschen leichter, das Risiko eines Vertrauensvorschusses einzugehen. Er kann die Gefahr ertragen, bei einem etwaigen negativen Ausgang enttäuscht zu werden. Dies bedeutet jedoch im Umkehrschluss: Je schwächer das Vertrauen in die eigene Person ausgeprägt ist, umso größer wird die Wahrscheinlichkeit, dass sie sich zurückzieht, ihrem Umfeld mit Zweifel und Skepsis begegnet und die Folgekosten eines potenziellen Schadens höher bewertet (oder gar nur diese Perspektive antizipiert) als den etwaigen Gewinn, der sich aus einer vertrauensvollen Begegnung ergeben kann. Insofern neigen Menschen mit einem geringen Selbstvertrauen dazu, ihrem sozialen Umfeld vergleichsweise weniger Vertrauen entgegenzubringen.

Der französische Schriftsteller und Moralist
François de La Rochefoucauld (1613–1680) über Selbstvertrauen

Selbstvertrauen ist die Quelle des Vertrauens zu anderen.

Insofern lassen die Ergebnisse entwicklungspsychologischer Arbeiten (Kramer & Spangler, 2019) erkennen, dass ein gesundes Selbstvertrauen sicher-gebundenen Kindern erlaubt, sich autonom zu verhalten und im Sinne der Selbstwirksamkeit davon überzeugt zu sein, dass ihre Anstrengungen auch zu einem guten Ergebnis führen werden. Vorliegende Befunde für das Erwachsenenalter (Howe, 2015) gehen in eine ähnliche Richtung: Personen mit dem Selbstbild einer sicheren Bindungserfahrung vertrauen ihren Freunden, Partnern, Nachbarn und Mitmenschen im Allgemeinen deutlich eher als Personen, die in Befragungen angeben, über einen anklammernden, ängstlichen oder abweisenden Bindungsstil zu verfügen.

Bereits Immanuel Kant (1724–1804) betont den Stellenwert des Selbstvertrauens für die individuelle Bereitschaft, das Wagnis des Vertrauens einzugehen, in ähnliche Richtung geht ein Dialog aus der Szene „Studierzimmer" zwischen Faust und Mephistopheles in Goethes Faust I.

Kant über Selbstvertrauen

Ich stehe in der Einbildung, es sei zuweilen nicht unnütze, ein gewisses edles Vertrauen in seine eigenen Kräfte zu setzen. Eine Zuversicht von der Art belebt alle unsere Bemühungen und ertheilt ihnen einen gewissen Schwung, der der Untersuchung der Wahrheit sehr beförderlich ist.

(Kant, 1746, S. 10)

Faust I, „Studierzimmer"

Faust: Wohin soll es nun geh'n?
Mephistopheles: Wohin es dir gefällt, Wir seh'n die kleine, dann die große Welt. … Mein guter Freund, das wird sich alles geben; sobald du dir vertraust, sobald weißt du zu leben.

(zit. n. Goedeke, 1849, S. 55)

Selbstvertrauen entsteht also stets im Austausch mit der sozialen Umwelt. Allerdings gibt es immer wieder Menschen, die darauf aus sind, die Kontrolle über das Leben eines anderen an sich zu ziehen. Ein wichtiger Beweggrund hierfür ist sicherlich der eigene Vorteil, den man sich davon erhofft, wenn man eine Person so lenken (und manipulieren) kann, wie man es für sich als am besten erlebt. In der Regel handelt es sich dabei um Menschen aus dem sozialen Nahraum, etwa Elternteile, welche die Loslösung ihrer Kinder nicht akzeptieren wollen, oder (falsche) Freunde, die merken, wie scheinbar leicht sich jemand steuern lässt. Selbstverständlich geschieht ein solches Unterfangen nicht immer mit schlechten Absichten, viel zu oft wird eben auch Kontrolle mit ehrlich gemeinter Fürsorge verwechselt – so oder so die Konsequenzen für den Betroffenen allerdings folgenschwer und nachhaltig. Hinzu kommt, dass es eben stets zwei Seiten der Medaille gibt, denn der Betroffene gibt durchaus sehr häufig gerne von sich aus Kontrolle an andere ab, um sich auf diese Weise der Verantwortung für das eigene Leben zu entziehen.

Kommt es im Zuge der eigenen Persönlichkeitsentwicklung irgendwann jedoch zu der Einsicht, eben nicht ein eigenes, selbstbestimmtes Leben zu führen, so ist dies zweifelsfrei zunächst ein schmerzlicher Prozess. Ein Prozess, der aber notwendig ist, um sich auf den Weg der Veränderung begeben zu können. Auf den Weg zu mehr Eigenverantwortung als Voraussetzung für ein sich darauf sukzessive aufbauendes Selbstvertrauen, das eben nur aus der Erfahrung gespeist werden kann, Urheber des eigenen Denkens und Handelns zu sein.

Blick in den Spiegel

Sehe mich nicht
Frag meine Freunde
Sehe mich nicht
Schau auf Geschehenes
Sehe mich nicht

Wer bin ich wirklich
Und wer will ich sein
So vieles scheint fremd
Aber doch ist es mein
Kann wohl nicht anders
Wovor fürchte ich mich
Bleibe lieber im Schatten
Hab Angst vor dem Licht

Blick in den Spiegel
Was ist es
Das mich verharren lässt

Was ist es
Das mich erstarren lässt
Was ist es Das mir mein Ego raubt

Lass mich klein machen
Und werde klein
Mein Platz ist gefunden
Der Vorsitz ist dein
So ist's für alle am besten

NEIN NEIN NEIN
Muss mich verändern

Brauch deine Hilfe
Sonst schaff ich es nicht
Brauch deine Hand
Warum seh ich die nicht
Brauch deine Stärke
Doch du gibst sie mir nicht
Muss mich verändern

Blick in den Spiegel
Mir selbst zu vertrauen
Das kannte ich nicht
Mir selbst zu vertrauen
Das wolltest du nicht

Dir ganz zu vertrauen
Das will ich nicht mehr

Dass ich mich veränder'
Das fürchtest du sehr
(Schweer, 2018c, S. 47f.)

KAPITEL 5

GOTTVERTRAUEN – EINE RESSOURCE IM SPANNUNGSFELD ZWISCHEN ZUVERSICHT, ZWEIFEL UND ABWENDUNG

Wie bereits angemerkt, ist ein konstituierender Faktor des Vertrauens der in Kauf genommene mögliche Schaden im Falle der (mehr oder minder als gering wahrscheinlich erachteten) Enttäuschung. Vertrauenshandlungen müssen demzufolge grundsätzlich mit einem gewissen *Risiko* behaftet sein, dessen Ausmaß selbstverständlich variieren kann. In der Regel vollzieht sich demzufolge in zwischenmenschlichen Beziehungen ein Prozess des gegenseitigen Abtastens, Probierens und Aushandelns, bei dem sich Vertrauensintensitäten sukzessive aufbauen und nach einer gewissen Zeit auf einem bestimmten Level einpendeln. Einzelne, herausragende Ereignisse können dieses Level in positive oder auch negative Richtung verändern, der klassische Vertrauensbruch ist hierfür ein typisches Beispiel.

Beispiele für herausragende positive Ereignisse

→ *während einer Trennung zeigen Freunde hohe emotionale Unterstützung*
→ *im Zuge einer Krankheit bietet die Familie starken Rückhalt*
→ *ungeachtet eines schwerwiegenden fachlichen Fehlers erfährt der Mitarbeiter Wertschätzung von seinem Vorgesetzten*

Beispiele für herausragende negative Ereignisse

→ *Freunde wenden sich im Zuge einer privaten Krise ab*
→ *ein Familienmitglied gibt streng Vertrauliches weiter*
→ *ein Kollege übermittelt gezielt eine Fehlinformation an den Vorgesetzten*

Sehr häufig wird – ganz im Sinne der Annahmen Niklas Luhmanns zur subjektiven Vereinfachung der viel zu komplexen Welt – die Möglichkeit eines eintretenden Schadens gedanklich völlig ausgeblendet, da sie ansonsten logischerweise das eigene Verhalten zu stark blockieren würde. Automatisierte Handlungsmuster sind die Folge. Wenn eine Person sich also bspw. angesichts einer erforderlichen äußerst riskanten Operation in die Hände eines Chirurgen begibt, den sie aufgrund der ihm zugeschriebenen fachlichen Kompetenz für überaus vertrauenswürdig hält, weiß sie zwar, dass es keine Garantie für einen erfolgreichen Verlauf des Eingriffes geben kann (spätestens beim Unterzeichnen, dass sie über mögliche Nebenwirkungen aufgeklärt worden ist und bereit ist, dieses Risiko zu tragen, wird sie noch einmal explizit daran erinnert), dennoch wird sie diesen Gedanken nicht weiter aktiv verfolgen. Es überwiegt die von ihr getroffene Entscheidung, Vertrauen zu investieren, und die Person ist überzeugt von dem gefassten Entschluss. Ganz im Unterschied zu demjenigen, der blind vertraut, ist sie sich allerdings der *prinzipiellen Option* des Scheiterns bewusst und wird (quasi als eine Art Hintergrundkulisse) – offen sein für etwaige Warnsignale, die zu einer Neubewertung der Situation führen können. Mögliche Ursachen der zugeschriebenen Vertrauenswürdigkeit sind der persönliche Eindruck aus dem vorausgelaufenen Beratungsgespräch, Empfehlungen eines bereits bei diesem Arzt operierten Freundes oder der sehr gute Ruf des Krankenhauses in der Region.

Der vertrauensinvestierende Mensch behält insofern stets einen *kritischen Blick*. Dieser kritische Blick führt nun keineswegs zu einer permanenten Unsicherheit, weil einmal investiertes Vertrauen in Frage gestellt wird, vielmehr ist häufig das Gegenteil der Fall: Weil nämlich der kritische Blick signalisiert, dass es keinen Grund zur Sorge gibt, wird die eigene Entscheidung als richtig verstärkt und die Vertrauensbeziehung zum Gegenüber gefördert. Und dennoch immunisiert sich die Person nicht vor einer möglicherweise erforderlich werdenden Neueinschätzung, wenn sich hinreichende Zweifel an dem gegebenen Vertrauensvorschuss ergeben sollten, in unserem Beispiel also hinsichtlich der fachlichen Kompetenzen des Operateurs.

Dieses Wechselspiel zwischen der Bereitschaft, Vertrauen zu investieren, und der Notwendigkeit, sensibel für gegenläufige Anzeichen aus der sozialen Umgebung zu sein, macht *konstruktives Vertrauen* aus. Wir werden zum einen vor blindem Vertrauen geschützt, das in seinen Konsequenzen fatal sein kann, falls es am Ende massiv ausgenutzt und enttäuscht wird. Andererseits werden wir geschützt vor einer permanent misstrauischen Haltung, die subjektive Sicherheit in einer Vielzahl von Situationen unmöglich werden lässt, da sie eben nicht aus eigener Kraft heraus kontrolliert werden können.

Der TV-Wissenschaftsmoderator Harald Lesch auf die Frage, ob es einen Gott gibt

Wenn es ihn nicht gibt, dann sollte man ihn erfinden.
(https://promisglauben.de/harald-lesch-wenn-es-gott-nicht-gibt-dann-sollte-man-ihn-erfinden) [27.07.2020]

Obige Überlegungen spielen für das Phänomen des *Gottvertrauens* eine besonders wichtige Rolle.

Unter der Annahme nämlich, dass in unserer hochkomplexen und in vielerlei Hinsicht für das Individuum zunehmend undurchschaubaren Welt subjektive Unsicherheit zunimmt, wird Vertrauen zur (Wieder-)Herstellung von Kontrolle und Sicherheit besonders dringlich, gleichzeitig jedoch wird diese Investition aufgrund des zunehmenden Risikos, enttäuscht zu werden, umso schwieriger (Banerjee, Bowie & Pavone, 2006). Insofern sind gleichermaßen Bedarf und Zerbrechlichkeit des Vertrauens ausgesprochen hoch, weshalb gesellschaftlichen Veränderungsprozessen seitens der Bevölkerung verstärkt mit Zurückhaltung, Skepsis und Misstrauen begegnet wird (Edelman, 2020). Durchaus vorhandene und potenziell gewinnbringende Gestaltungsspielräume und Handlungsoptionen werden vor diesem Hintergrund zu wenig oder überhaupt nicht erkannt.

Die Ressource des Gottvertrauens stellt in diesem Kontext eine ganz besondere dar. Dies gerade auch in der heutigen Zeit, in der sich vor allem die katholische und die evangelische Kirche in Deutschland in einer schwierigen Bewährungsphase befinden. Während Gottvertrauen nichtsdestotrotz für den einen ganz selbstverständlicher Bestandteil seines Lebens ist, erscheint sie für den anderen schier unbegreiflich, für einen dritten stellt das Gottvertrauen ein immerwährendes Ringen im eigenen Leben dar – ein Leben mit oder ohne Gott?

Zweifel und Vertrauen

In dem Roman „Die Brüder Karamasow" fragt eine zweifelnde Frau den Mönch Sossina, wie sie wieder glauben könne und ob es einen vernünftigen Beweis für ein Leben nach dem Tod gebe. Der Mönch sagt, dass es keinen solchen Beweis gebe, wohl aber könne man sich überzeugen: „In dem Maße, wie Sie in der Liebe fortschreiten, werden Sie sich auch vom Dasein Gottes und von der Unsterblichkeit Ihrer Seele überzeugen." Denn wer konkrete „Erfahrungen mit werktätiger Liebe" macht (im Sinne von Bejahung, Großzügigkeit, Respekt, Mitgefühl oder aufmerksamen Dasein), der wagt mit der Zeit zu vertrauen: sich selbst, den anderen – und Gott.

(Schlager, 2020a, S. 70)

So oder so ist die Frage des Gottvertrauens (und damit verbunden eben gleichermaßen der Stellenwert von Religion und Glaube insgesamt, die Frage der Trennung von Staat und Kirche sowie der Umgang mit alternativen Glaubensgemeinschaft jenseits der christlichen Tradition) eine grundlegende mit Blick auf die konstituierenden Elemente unseres kulturell-gesellschaftlichen Zusammenlebens.

Gottvertrauen in der westlichen Kultur

Soweit wir in die Geschichte der Menschheit zurückblicken können, finden sich zu allen Zeiten und in allen kulturellen Epochen Vorstellungen über lenkende Kräfte, die auf das irdische Geschehen Einfluss nehmen. In der westlichen christlich geprägten Kultur überwiegen dabei monotheistisch geprägte Vorstellungen von einem *allumfassenden Gott*, welcher die Geschicke unseres Handelns kontrolliert. Das Leben auf Erden stellt in diesem Sinne eine Zwischenstation für den Menschen dar, das letztendliche Ziel ist die Vollendung mit Gott in einem Leben nach dem Tod. Die Vorstellungen darüber, inwieweit diese „Bewährungsprobe" mit Sanktionierungen für gutes resp. schlechtes Handeln verbunden ist, sind nicht nur zwischen den jeweiligen Religionsgemeinschaften unterschiedlich, die Bilder von einem kontrollierenden, strafenden Gott gegenüber einem gütigen, verzeihenden und unterstützenden Gott haben sich auch über die Zeit hinweg gewandelt. Allen gemein ist jedoch, dass mit dem Glauben an einen Gott Vorstellungen der Gläubigen darüber verbunden sind, wodurch sich gutes von schlechtem Handeln unterscheidet. Der Glaube stellt insofern eine Art Richtschnur für den persönlichen Lebensentwurf dar.

Dieser Glaube an Gott ist unmittelbar verbunden mit einem Gottvertrauen, also mit der Vorstellung davon, Vertrauen in eine überirdische Instanz investieren zu können und zu sollen.

Die in meinen Ausführungen vorgenommene Schwerpunktsetzung auf die christliche Glaubenstradition folgt den derzeit faktischen Gegebenheiten in Deutschland, wonach aktuell neben dem Anteil der Konfessionslosen von etwa 34% aller Bürger ca. 30% der römisch-katholischen und ca. 28% der evangelischen Kirche angehörig sind. Darüber hinaus stellt sich selbstverständlich ganz unabhängig von der Mitgliedschaft in einer christlichen Kirche die Frage, wie viele Menschen ihren Glauben auch ohne den institutionalisierten Rahmen einer Kirche als „persönliche Ressource" im Alltag nutzen. Gemessen etwa an den Gottesdienstbesuchen geht diese Zahl in den letzten Jahren in beiden christlichen Kirchen deutlich zurück (fowid, 2018); der Datenreport (Bundeszentrale für politische Bildung, 2016) verweist hingegen auf die Gebetshäufigkeit, die vor allem in Westdeutschland in den letzten Jahren weitgehend konstant geblieben ist.

Aus vorliegenden Ergebnissen zu der Frage, was Menschen mit Gottvertrauen in besonderer Weise verbinden, lässt sich erkennen, dass Gottvertrauen oftmals mit Glaube resp. Religiosität assoziiert wird und dem Gottvertrauen in einer Vielzahl von Alltags- und besonders schwierigen Situationen ein wichtiger Stellenwert beigemessen wird (Schweer, 2017b).

Gottvertrauen als Herausforderung

Einer der bedeutendsten katholischen Theologen in der Geschichte, der italienische Dominikaner und Philosoph Thomas von Aquin (1225–1274), beschreibt Vertrauen als die *Kraft der Hoffnung*, Vertrauen sei durch Erfahrung bekräftigte Hoffnung auf Erfüllung von erwarteten Zuständen unter der Prämisse des Vertrauens auf Gott (Ritter, Gründer & Gabriel, 2001). Während Vertrauen in Personen oder Systeme nun von Lebensbereich zu Lebensbereich unterschiedlich stark variieren kann, handelt es sich beim Gottvertrauen um ein *lebensbereichsumfassendes Konzept*, diese Vorstellung entspricht obigen Überlegungen vom Gottvertrauen als *radikale Form des Vertrauens* im Sinne eines existentiellen Sich-Überlassens.

Der Unterschied zwischen dem Vertrauen in Gott und dem Vertrauen in Personen besteht dabei in erster Linie in der unbegrenzten Güte und Macht sowie in dem unbegrenzten Wissen Gottes (Lahno, 2003). Für den gläubigen Menschen ist Gott allgegenwärtig, sein Dasein weist eine außerordentliche, in „normalen" sozialen Beziehungen nicht zu findende Stabilität auf, die aber keineswegs mit blindem Vertrauen verwechselt werden darf. Dieses wäre nämlich auch mit Bezug auf das Gottvertrauen eine in der Tat äußerst naive, kindliche Form des Vertrauens, mit welcher die individuelle wie kollektive Verantwortung für eigenes Handeln völlig negiert werden – und damit eben auch für Formen der eigenen Schuld bei fehlerhaftem Verhalten, deren Rechtfertigung in der höheren Instanz gesucht wird, denken wir nur an die unsäglichen Kreuzzüge im Mittelalter gegen nicht christianisierte Völker, aber auch in der Jetztzeit an religiös motivierte extremistische Gewalttaten. Zwar liegt auf der Hand, dass eine solche Form des blinden Vertrauens in hohem Maße für das Seelenleben entlastende Wirkung haben kann, mit Blick auf die faktischen Geschehnisse in der Welt, dies gerade auch angesichts der diskutierten Krisen und Probleme der kirchlichen Institutionen, ist eine solche Haltung jedoch fatal. Insofern verpflichtet Gottvertrauen geradezu den gläubigen Menschen zu einem konstruktiv-kritischen Umgang mit den Geschehnissen auf der Erde. Gottvertrauen verpflichtet den gläubigen Menschen zum Einmischen, zur Übernahme von Verantwortung, gleichermaßen außerhalb und innerhalb der kirchlichen Institutionen.

Für eine religiös geprägte Erziehung leitet sich hieraus als ein zentraler Bestandteil die Förderung eines *Selbstvertrauens* ab, das Mut macht zum Einmischen. Dies ist jedoch nur die eine Seite der Medaille, zudem verpflichtet es nämlich die kirchlichen Institutionen dazu, hinreichend Möglichkeiten zum Einmischen zu fördern, und zwar über weitreichende Formen der *Transparenz* und der *Partizipation*.

Überlieferung (Hadith) des Propheten Muhammad

Ein Mann, der dem Propheten Mohammed aufmerksam zugehört hatte und nach der Veranstaltung mit seinem Kamel wieder heim wollte, warf sich vor dem Propheten auf die Knie und schrie: „Ich bin mit meinem Kamel zu dir geritten, um dir zuzuhören. Ich habe auf Gott gesetzt. Ich habe ihm vertraut. Jetzt ist mein Kamel weg! Ist das der Dank? Der Dank für meine Hingabe?“ Der Meister sah ihn freundlich an und sagte: „Ja, vertraue auf Gott, und binde dein Kamel fest!“

Zur Entwicklung von Gottvertrauen

Vergleichbar mit dem Vertrauen in andere Menschen oder in soziale Systeme, entwickelt sich das Gottvertrauen nach dem *Prinzip der kleinen Schritte*. Dabei erfährt der gläubige Mensch subjektive Vertrauens- (und damit eben auch) Existenzbeweise vor allem über zwei Quellen:

An erster Stelle stehen die eigenen positiven Erfahrungen im Umgang mit Gott, durch die persönliche Auseinandersetzung mit dieser höheren Instanz erhalten viele Menschen Kraft, Hoffnung und Zuversicht für die vielfältigen Herausforderungen des Lebens. Dabei stellt die grundsätzlich mit Vertrauen einhergehende Überzeugung, behütet zu sein, einen in psychologischer Hinsicht äußerst protektiven Faktor dar. Die bislang hierzu vorliegenden wissenschaftlichen Studien untersuchen insbesondere den Zusammenhang zwischen Glaube und Gesundheit (Jakobs, 2018) dahingehend, ob die an den Menschen gestellten Anforderungen mit Gottvertrauen anders resp. effektiver bewältigt werden (können). In diesem Sinne lässt sich etwa zeigen, dass gläubige Patienten nach Lebertransplantationen ein signifikant geringeres Sterberisiko als Patienten ohne einen solchen Glauben aufweisen (DeVocht, 2011). Eine unterstützende Wirkung von Religiosität ist zudem für die erfolgreiche Therapie von Sucht- und psychotischen Patienten erkennbar (Mohr, Gilliéron, Borras, Brandt & Huguelet, 2007), ferner besitzt Religiosität eine bedeutsame Schutzfunktion gegenüber Depressivität, dies u.a. beim Pflegepersonal (Klein & Albani, 2007). Zudem kann es Gottvertrauen erleichtern, den bevorstehenden eigenen Tod zu akzeptieren (Pardini, Plante & Sherman, 2001).

Neben den eigenen Erfahrungen wird Gottvertrauen mündlich und schriftlich über Vertreter des religiösen Systems vermittelt, dies sind also Eltern, Seelsorger, Religionslehrer oder auch gläubige Menschen aus dem persönlichen sozialen Umfeld. Sie alle nehmen als wichtige Sozialisationsagenten Einfluss auf die Frage, ob überhaupt eine Grundlage für eine christliche Orientierung geschaffen, gefestigt und aufrechterhalten wird. Ganz entscheidend ist in diesem Zusammenhang, inwieweit diese Vertreter als *Vorbilder* für den persönlichen Lebensentwurf in Frage kommen und ob sie im Falle von Bediensteten einer Glaubensgemeinschaft als *repräsentativ* für das institutionelle System betrachtet werden, in dem sie jeweils fungieren.

Wie kann Gott zulassen, dass …

Immer wieder müssen Menschen mit schweren Enttäuschungen umgehen, dies können gesundheitliche Beeinträchtigungen, existenzielle Nöte oder auch subjektiv belastende Geschehnisse im gesellschaftlichen Kontext sein, so bspw. die bedrohliche Situation im Zuge der Corona-Krise für viele Bürger in medizinischer, ökonomischer und psychosozialer Hinsicht. Derart einschneidende Erfahrungen haben nicht selten zur Folge, dass bis dahin durchaus sehr religiöse Menschen geradezu schlagartig an der Existenz Gottes zweifeln und sich sogar von ihrem (zumindest institutionell verankerten) Glauben lösen. Der beobachtbare Anstieg von Kirchenaustritten im Zuge öffentlich bekanntgewordener Skandale ist hierfür ein Indikator, so bspw. Austritte aus der katholischen Kirche im Zuge der Affäre um den damaligen Bischof von Limburg, Franz-Peter Tebartz van Elst, der durch eigenmächtiges Verhalten des Prunks und der Verschwendung in weiten Teilen der Bevölkerung erhebliche Irritationen ausgelöst hat. Wie die nachfolgende Abbildung illustriert, führten die bekannt gewordenen Missbrauchsfälle im Jahr 2010 zu einer ähnlich hohen Anzahl von Kirchenaustritten.

Skandale und Kirchenaustritte

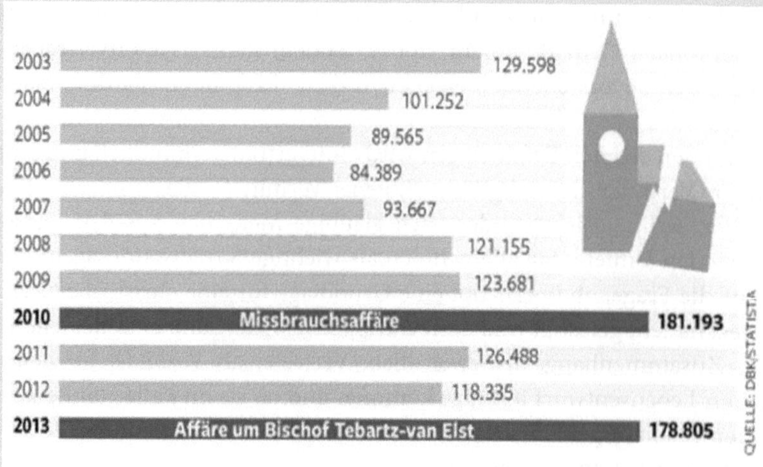

(http://www.welt.de/politik/deutschland/article130306812/
Kirchenaustritte-nehmen-um-mehr-als-50-Prozent-zu.html) [17.06.2020]

Oftmals sind es allerdings die sehr persönlichen Krisensituationen, etwa der viel zu frühe Tod eines Kindes, die Menschen dazu bewegen, mit der Existenz Gottes zu hadern und das Vertrauen in diesen zu verlieren.

Wie aber bereits angemerkt: Gottvertrauen entbindet den Menschen keineswegs von der eigenen Verantwortung für das, was auf der Welt geschieht, es schützt ihn auch nicht vor möglichen Schicksalsschlägen, die er eben nicht in seiner Hand hat. Mit einer solchen Denkweise muss logischerweise über kurz oder lang das Vertrauen in Gott ins Wanken geraten und damit eben gleichermaßen die so wichtige subjektive Sicherheit und Kontrolle über das eigene Leben.

Dass die Welt im Großen und im Kleinen nicht fair und gerecht ist, dies ist nicht das Werk Gottes, sondern es ist in erster Linie das Werk der Menschen, die für diese Welt Verantwortung tragen. Dies zeigt doch bereits der Umgang der Menschen mit Jesus in eindringlicher Weise – sein irdisches Leben fand schließlich sein schmerzvolles Ende in dem Tod am Kreuz. Und wir müssen uns zudem damit abfinden, dass uns fürchterliche Ereignisse treffen können, denen wir kaum etwas mit unserem Verhalten entgegenhalten können (Krankheiten, die uns wie aus dem Nichts treffen, unverschuldete schwere Verkehrsunfälle oder Kriminalitätsdelikte, denen wir zum Opfer fallen). Wir schließen den Eintritt solcher Ereignisse im alltäglichen Handeln aus, und das ist im Sinne der Psychohygiene auch richtig. Nichtsdestotrotz können sie uns treffen, und wir tun gut daran, immer mal wieder einzuhalten und uns dessen bewusst zu werden.

Gelebtes Gottvertrauen – unser Umgang mit Diskriminierung

Judas … sagte: Was wollt ihr mir geben, wenn ich euch Jesus ausliefere? Und sie boten ihm dreißig Silberstücke. (Mt 26, 14–15)

Dreißig Silberstücke – im Alten Testament steht dieser Betrag für einen Lohn, der Verachtung ausdrückt. Mit diesem Verweis soll in den Evangelien wohl gezeigt werden, dass die Tat des Judas eins verdient: Verachtung. So verächtlich es natürlich ist, einen Menschen zu verraten, so wenig klar erscheint im Neuen Testament allerdings der Beweggrund des Judas. All das liegt eher im Dunkeln. Hüten wir uns daher, Sündenböcke zu schaffen oder gar aus ganzen Völkern Verräter zu machen. Wer solch Feindbilder schafft, riskiert zu Recht, sich selbst ins Abseits zu stellen. All dies ist ein Verrat an Jesu Weite und Geisteshaltung und genauso schwer: dreißig Silberlinge.
(Schlager, 2020b, S. 64)

Ein gefestigtes Gottvertrauen vor diesem Hintergrund sieht Gott als den treuen und stetigen Begleiter der eigenen Person, dies gerade auch in Zeiten schwerer Prüfungen und in solchen Momenten, in denen die Fehlbarkeit eigenen oder fremden Verhaltens augenfällig wird. Eine solche Haltung impliziert die Bereitschaft, anzuerkennen, dass Gott eben nicht dazu verpflichtet werden kann, dass es dem Menschen in seinem Leben grundsätzlich und dauerhaft nur gut geht. Im Sinne einer stabilen psychischen Gesundheit bedarf es vielmehr einer grundsätzlichen *Unsicherheitstoleranz* dahingehend, dass der Mensch eben nicht alles kontrollieren kann, was mit ihm und um ihn herum geschieht – unabhängig davon, ob er seinen persönlichen Lebensentwurf mit oder ohne Gottvertrauen realisiert. Und genauso, wie sich Vertrauen zwischen Menschen oder in soziale Systeme nicht „verordnen" lässt, ist auch das Gottvertrauen das Ergebnis eines fortwährenden Bemühens in der Auseinandersetzung mit einer höheren Instanz, gekennzeichnet durch eine Vielzahl von Höhen und Tiefen.

Pfarrer Christoph Heil anlässlich der Corona-Krise in „Welt am Sonntag“ vom 22.03.2020

Sich von der Freude Jesajas anstecken lassen

… im Buch des Propheten Jesaja … heißt es: »Freuet euch mit Jerusalem und seid fröhlich über die Stadt, alle die ihr sie liebhabt! Freuet euch mit ihr, alle, die ihr über sie traurig gewesen seid.«

… Wer kann sich freuen angesichts der Kranken und Tote? …

Welche Freude spricht uns (…) in dieser schweren Zeit zu?

… Die Freude, von der Jesaja spricht, ist eine Zuversicht, die in einem tiefen Glauben gründet. Im Glauben, dass in der Leidenszeit die Hoffnung nicht stirbt. Jesajas Freude hält die Erinnerung wach, dass Gott bei uns bleibt.

Ich kann mich entscheiden, ob ich mich von dieser Freude, die in einem tiefen Gottvertrauen gründet, anstecken lassen will. Inmitten aller berechtigten Sorgen kann ich innehalten und aufatmen und mir Gottes Nähe vergegenwärtigen.

KAPITEL 6
VERTRAUEN WIRKT! AUSGEWÄHLTE WISSENSCHAFTLICHE BEFUNDE

Die folgende Zusammenschau gibt einen Einblick in zentrale Ergebnisse ausgewählter Studien zum Vertrauensphänomen, in denen hochaktuelle und gesellschaftlich relevante Fragestellungen beleuchtet werden. Der internationale Forschungsstand zu den einzelnen Themengebieten kann dabei freilich nicht annähernd in seiner gesamten Breite abgebildet werden, vielmehr wird exemplarisch aufgezeigt, in welchen Lebensbereichen Vertrauen eine besonders hohe Wirkung entfaltet.

Ergebnisse eigener Studien aus dem Zentrum für Vertrauensforschung

a) *Vertrauen – eine Herausforderung in Zeiten der Digitalisierung*

Fragestellung
Wie stark vertrauen Bürger ihren Behörden im Kontext der Digitalisierung?

Stichprobe
Online-Befragung von 843 Personen im Alter von 19 bis 84 Jahren aus Belgien, Dänemark, Deutschland, den Niederlanden und aus dem Vereinigten Königreich im Jahr 2019

Zentrale Ergebnisse

- Lediglich etwa ein Drittel der Befragten zeigt ein deutliches Vertrauen in die digitalen Angebote von Behörden, wobei in Dänemark das höchste Ausmaß an Vertrauen vorzufinden ist.
- Wendet man sich allerdings grundlegend der Arbeit von Behörden zu, so schenken dieser mehr als die Hälfte der Befragten ihr Vertrauen.
- Länderübergreifend wird ersichtlich, dass das Vertrauen in Behörden in starken Zusammenhang zum Vertrauen gegenüber digitalen Services steht.
- Je mehr negative Erfahrungen mit Behörden vorliegen, desto geringer fällt in der Tendenz auch das Vertrauen in selbige aus.

b) *Selbstvertrauen – Basis erfolgreichen Lernens*

Fragestellung
Inwieweit sind Studierende überzeugt davon, die Anforderungen ihres Studiums auf Grundlage der eigenen Kompetenzen bewältigen zu können?

Stichprobe
schriftliche Befragung von 120 Studierenden aus Studiengängen mit Lehramtsoption und der Sozialen Dienstleistungen an der Universität Vechta im Sommersemester 2018

Zentrale Ergebnisse

- Annähernd zwei Drittel der Studierenden sind der Überzeugung, dass ihnen das gewählte Studienfach besonders liegt.
- 89% der Befragten stimmen teilweise oder ganz der Aussage zu, dass sie das meiste verstehen, auch wenn in Veranstaltungen komplexe Zusammenhänge oder Theorien besprochen werden.
- Beinahe 80% geben an, dass sie sich in der Zusammenarbeit mit anderen auf ein gemeinsames Ziel verständigen und darauf hinarbeiten.
- Zwei Drittel sehen für sich gute Chancen, die beruflichen Ziele zu erreichen.
- 62% der Befragten können sich laut eigener Aussage schnell auf neue Probleme einstellen und diese eigenständig lösen.

c) *Gottvertrauen – subjektive Wirklichkeitskonstruktionen*

Fragestellung
Was wird unter Gottvertrauen verstanden und inwiefern spielt es für den einzelnen eine Rolle?

Stichprobe
Erhebung 1: schriftliche Befragung von 10 Expert*innen, die professionell mit dieser Thematik umgehen (Priester, Ärzte, Pastoralreferenten) sowie von 473 Studierenden aus Studiengängen des Lehramtes resp. mit Lehramtsoption an der Universität Vechta im Wintersemester 2016/2017
Erhebung 2: Online-Befragung von 253 Angehörigen der Universität Vechta (davon 68% Studierende) im Sommersemester 2020

Zentrale Ergebnisse

GOTTVERTRAUEN …

- … als Grundlage des eigenen Lebens, durchaus auch unabhängig von institutionellen Einbindungen, wobei Glaubensgemeinschaften hilfreich sein können
- … gibt Sicherheit und Sinn
- … zeigt sich in der Auseinandersetzung mit schwierigen Lebenssituationen, durchdringt aber den gesamten Lebensalltag
- … ist mit zwischenmenschlichen Vertrauensbeziehungen nicht vergleichbar aufgrund der absoluten Verlässlichkeit
- … macht das Leben leichter, macht optimistisch und hoffnungsvoll, schützt dabei nicht vor Schicksalsschlägen, der Umgang damit ist allerdings ein konstruktiverer
- … ist Vertrauen in eine höhere Macht und findet seine Basis im Glauben und einer religiösen Grundüberzeugung
- … ist besonders wichtig in Situationen, die als sehr schwierig, zum Teil als ausweglos und kaum beeinflussbar erlebt werden
- … gibt Halt und Geborgenheit, wobei die Komponente der Wechselseitigkeit fehlt
- … ist sehr stabil, da investiertes Vertrauen in der Regel nicht enttäuscht wird
- … gibt gläubigen Menschen während der Corona-Pandemie Halt und Unterstützung

Weitere ausgewählte Ergebnisse der interdisziplinären Vertrauensforschung

a) *Vertrauen – Fundament jeder Gesellschaft*

Studie von Charron & Rothstein (2014)

Fragestellung

Welche Faktoren begünstigen das Vertrauen in die Gesellschaft?

Stichprobe

schriftliche Befragung von 85.000 Personen aus 25 europäischen Ländern im Jahr 2013

Zentrale Ergebnisse

- Erleben Menschen ihre Regierung als kompetent, integer und ehrlich, so sind sie deutlich eher geneigt, anderen Menschen grundsätzlich Vertrauen zu schenken.
- Andererseits hemmt ein als korrupt wahrgenommener Staat die Vertrauensbereitschaft.
- Wird die Regierungsarbeit als ungenügend erlebt, vertrauen Frauen anderen Personen in geringerem Maße als Männer.
- Insgesamt vertrauen ältere Menschen eher als jüngere.
- Das Ausmaß des Vertrauens steigt mit dem Bildungsgrad und dem Einkommen – vor allem dann, wenn die Regierungsarbeit positiv bewertet wird.
- Keinen Einfluss auf das generelle Vertrauen der Bürger üben Fragen der ökonomischen (Un-)Gerechtigkeit sowie das Ausmaß an Möglichkeiten zur gesellschaftlichen Partizipation aus.
- Ethnische Heterogenität ist für die Stärke der Vertrauensbereitschaft innerhalb einer Gesellschaft ebenso wenig von Bedeutung; Angehörigen der eigenen ethnischen Gruppe wird also nicht eher vertraut als Personen anderer Ethnien.

b) *Selbstvertrauen – Grundlage für Höchstleistungen*

Studie von Ahammer, Lackner & Voigt (2019)

Fragestellung

Welchen Einfluss hat Selbstvertrauen auf die Leistungsfähigkeit professioneller Athleten?

Stichprobe

Analyse von 254 Wettbewerben auf Basis der Daten des *International Biathlon Data Centers* für die Zeiträume 2009 bis 2013

Zentrale Ergebnisse

- Selbstvertrauen übt einen positiven Effekt auf das Leistungsverhalten professioneller Biathlon-Athleten aus.
- Männliche Athleten mit einem niedrigen Selbstvertrauen begehen mehr Fehler als solche mit einem hohen Selbstvertrauen.

- Bei weiblichen Athleten treten beide Effekte weniger ausgeprägt und weniger situationsübergreifend auf.
- Selbstvertrauen steigert die Leistung vor allem unerfahrener männlicher Athleten sowie männlicher Leistungssportler zu Beginn eines Wettbewerbs.
- Die Beziehung zwischen Selbstvertrauen und Leistung erscheint somit als sensibel gegenüber den Faktoren „Geschlecht" und „sportliche Erfahrung".

c) *Gottvertrauen – Halt bis zum Lebensende*

Studie von Krause (2015)

Fragestellung
Wirkt das Vertrauen in Gott der Angst vor dem Sterben entgegen?

Stichprobe
interviewbasierte Befragung von 5.746 über 66-jährigen zu fünf verschiedenen Befragungszeitpunkten zwischen den Jahren 2001 und 2013

Zentrale Ergebnisse
- Menschen, die häufiger in die Kirche gehen, besitzen ein größeres Gottvertrauen als solche, die seltener ein Gotteshaus aufsuchen.
- Je häufiger Personen die Kirche besuchen, umso eher erhalten sie auch spirituelle Unterstützung von ihren Gemeindemitgliedern.
- Je stärker das Gottvertrauen ausgeprägt ist, umso eher nehmen Menschen an, dass Gott ihnen für ihre Sünden vergeben hat.
- Die Angst vor dem Tod ist bei denjenigen schwächer ausgeprägt, die davon überzeugt sind, dass Gott ihnen für ihre Sünden vergeben hat.

KAPITEL 7

VERTRAUEN OMNIPRÄSENT? MEDIALE SCHLAGLICHTER

Das Phänomen des Vertrauens erfährt bereits seit geraumer Zeit vermehrte Aufmerksamkeit in den Medien, dies gleichermaßen mit Blick auf dessen gesellschaftlichen Stellenwert, aber auch hinsichtlich der Bedeutung für das kollektive Miteinander und jeden Einzelnen. Die folgende, keineswegs repräsentative, Zusammenstellung gibt hierzu einen kleinen Eindruck.

Mediale Schlaglichter

a) Vertrauen

DIE ZEIT vom 28.05.2020 (Jauer, 2020, S. 13)

Wir haben die Technik, wir haben den Wohlstand, Gesetze und Institutionen. Wir haben die Wissenschaft. Wir haben die Kontrolle. Unsere ganze moderne Zivilisation wirkt wie ein Versuch zur Abschaffung der Ungewissheit.

Wozu brauchen wir noch Vertrauen?

Seitdem ein Virus innerhalb von nur drei Monaten die Welt außer Kraft gesetzt hat, sind wir in einem Maß auf Vertrauen angewiesen, wie wir das nicht kannten. Wir müssen Virologen vertrauen, von denen wir bis vor Kurzem nie etwas gehört hatten, deren Einschätzungen jetzt aber unseren Alltag bestimmen. Wir müssen Politikern vertrauen, die noch nie zuvor so direkt und konkret über die persönliche Existenz von so vielen Menschen entscheiden mussten und die sich jetzt keinen Fehler erlauben dürfen. Wir müssen unseren Mitmenschen vertrauen, dass sie Abstand halten, auch wenn sie keine Angst davor haben, selbst krank zu werden. Genauso wie wir darauf vertrauen müssen, dass alle, wenn es erst vorbei ist, wieder hinausgehen, wieder teilnehmen, wieder investieren, um so unseren Alltag wiederherzustellen.

Das Ungewisse ist von den Rändern unserer Aufmerksamkeit in ihr Zentrum gerückt. Wo eben noch nichts unsicher sein dürfte, schein jetzt auf einmal fast alles unsicher zu sein.

Wozu wir Vertrauen brauchen?

Wie soll es denn ohne gehen?

ZEIT ONLINE vom 26.06.2019 (Schmid, 2019, o.S.)

Mir doch egal, ob mir vertraut wird. Könnte ich sagen. Aber das Gegenteil ist der Fall, und nicht nur bei mir: Alle wollen vertrauenswürdig sein. »Würdig«? Schon das Wort verweist darauf, was auf dem Spiel steht: Offenkundig handelt es sich um einen besonderen Aspekt der allgemeinen Würde des Menschen. Alle fühlen sich gewürdigt, wenn ihnen und der Sache, die sie vertreten, Vertrauen geschenkt wird, und entwürdigt, wenn nicht. Schon bei Kindern ist das so. »Du vertraust mir nicht!«, sagen sie und klingen beleidigt, obwohl die Eltern nur nachfragen wollten, ob die Hausaufgaben auch wirklich schon erledigt sind.

Vertrauen geht verloren, wenn Erwartungen nicht erfüllt werden. Die können unberechtigt sein, sind im Fall der Hausaufgaben aber wohl eher berechtigt. Werden sie dennoch nicht erfüllt, untergräbt das die Wertschätzung, die nur der erhält, auf den ich mich verlassen kann.

b) Selbstvertrauen

FOCUS Online vom 18.05.2020 (Meltzler, 2020, o.S.)

Ein Kind muss spüren, dass es sich auf die Unterstützung der Eltern verlassen kann. Es muss aber auch lernen, bestimmte Dinge auf eigene Faust zu erreichen und es zu akzeptieren, wenn dann auch mal etwas schiefgeht.

Denn nur wenn es Probleme selbstständig löst, wird es in der Lage sein, ein gesundes Selbstbewusstsein zu entwickeln. Nur dann wird es begreifen, dass Scheitern keine Tragödie ist.

ZEIT ONLINE vom 26.06.2019 (Schmid, 2019, o.S.)

Vertrauen beruht auf Verlässlichkeit, wie es zurückzugewinnen ist, weiß jedes Kind: indem man Absprachen einhält. Mit dem Vertrauen, das dem Kind dann entgegengebracht wird, wächst sein Selbstvertrauen. Gestärkt durch die Wertschätzung für seine Verlässlichkeit traut es sich fortan mehr zu. Mut, Zuversicht und Kreativität werden frei.

c) Gottvertrauen

Süddeutsche Zeitung vom 10.04.2020 (dpa, 2020a, o.S.)

Der evangelische Landesbischof Heinrich Bedford-Strohm hat Christen dazu aufgerufen, in der Corona-Krise auf Gott zu vertrauen. Niemand wisse, was in den kommenden Wochen und Monaten geschehen werde, sagte er in seinem Wort zum Karfreitag. „Ob wir das Virus unter Kontrolle bekommen, ob ein Impfstoff dagegen gefunden wird, ob die Welt zusammensteht, um den Menschen beizustehen, die jetzt vieles verloren haben." Christen könnten ihr Nicht-Können, ihre Ohnmacht in Gottes Hand legen und darauf vertrauen, „dass Gott uns in dieser Notlage so viel Widerstandskraft geben wird, wie wir brauchen", sagte Bedford-Strohm.

Berliner Morgenpost vom 29.04.2020 (dpa, 2020b, o.S.)

Es war Ende März [2020; Anm. d. Verf.], als das Elmhurst Hospital Center zum Symbol für die New Yorker Pandemie wurde. Während vor der Klinik im besonders diversen Stadtteil Queens Menschen Schlange standen, um sich testen zu lassen, starben drinnen reihenweise Menschen, die zuvor mit Sirenengeheul in die Notaufnahme gebracht wurden.

Heute jagt die Szenerie vor dem Krankenhaus einem keinen Schauer mehr über den Rücken, eher eine wohlige Wärme. Aus dem Fenster schauen Ärzte und Pfleger auf große Buchstaben auf der anderen Straßenseite. „THANK YOU" steht da – und Leute haben Botschaften auf die Letter geschrieben: „Wir werden siegen" oder „Danke für alles, was ihr tut".

Die Lautsprecher eines Autos beschallen die Straße mit spanischen Balladen. Der Mann auf dem Fahrersitz stellt sich als Jean-Luc vor. Er spricht kein Englisch, aber er tippt auf Spanisch „Ich bete zu Gott" in sein Handy. Für die Patienten drinnen. Auf den Fenstern seines Wagens steht in weißer Farbe: „Alles wird gut".

KAPITEL 8

EIN ETWAS ANDERER AUSBLICK – KURZE GESCHICHTEN ZUM WEITERDENKEN

Vor einigen Jahren habe ich mich aus Anlass des zwanzigjährigen Bestehens des von mir geleiteten Zentrums für Vertrauensforschung an der Universität Vechta zu einem Projekt entschieden, das sich von meinen bisherigen Arbeiten sehr deutlich abgehoben hat. Die Ausgangsidee bestand darin, zentrale Komponenten des Vertrauensphänomens in belletristischer Form zu beleuchten und diese andere Form der Auseinandersetzung mit der spannenden psychologischen Kraft des Vertrauens einer möglichst breiten Öffentlichkeit zugänglich zu machen.

Hierzu habe ich mir einerseits sehr persönliche Geschichten erzählen und aufschreiben lassen, andererseits habe ich die vielfältigen Erfahrungen meiner Forschungs- und Beratungsarbeit in selbstverfasste kurze Geschichten und Gedichte gebündelt. Entstanden ist das Buch „Facetten des Vertrauens“, das erfreulicherweise sehr viele positive, in Teilen auch berührende Resonanzen bei der Leserschaft ausgelöst hat.

Von diesem Eindruck inspiriert und ermutigt, werden insofern anstelle des üblicherweise am Ende eines solchen Buches stehenden Ausblicks in diesem abschließenden inhaltlichen Kapitel nunmehr drei (zum Teil leicht überarbeitete) Geschichten vorgestellt, die vielleicht einen Impuls geben können, sich im Anschluss an diese Lektüre mit der gleichermaßen fragilen wie bereichernden Ressource des Vertrauens mit ihren vielfältigen Verzweigungen im sozialen Miteinander weiterführend zu beschäftigen.

Vertrauen in die Begegnung

Nachfolgender Erfahrungsbericht einer älteren Frau beschreibt beispielhaft und überaus eindrucksvoll das erste zufällige Zusammentreffen zweier Menschen. Dabei legt die unerschütterliche Bereitschaft, sich immer wieder neu auf das Wagnis der Begegnung mit dem Anderen einzulassen, den Grundstein für eine intensive, vertrauensvolle Verbundenheit, die bis zum heutigen Tag andauert.

Vertrauen in die Begegnung

Nach meinem Eintritt in den Ruhestand hatte ich mehr Zeit, aber weniger Geld. Also fuhr ich mit einem Wochenendticket zu einer Geburtstagsfeier in den Odenwald. Dabei hatte ich unterschätzt, wie langweilig so eine Fahrt sein kann und wie laut es in den Personennahverkehrszügen ist. Ich

konnte nicht lesen. Deutsche Fahrgäste unterhalten sich kaum miteinander, sie nutzen das Handy oder träumen vor sich hin.

Dann entdeckte ich eine Asiatin. Kurzentschlossen habe ich mich zu ihr gesetzt, sie angestrahlt und sie auf ihre schöne Tasche angesprochen. Zunächst war sie durchaus zurückhaltend, aber nach kurzer Zeit hat sie doch mein echtes Interesse gespürt. Die Frage nach ihrer Herkunft und meine Kenntnis über Asien aufgrund einer monatelang beherbergten Austauschschülerin aus Japan führten zu einem intensiven Gespräch. Wir waren mitten in unsere Unterhaltung vertieft, als ich feststellte, dass ich umsteigen musste. Die Vietnamesin bedauerte das sehr, weil wir uns gerade so nett unterhielten. Ich fragte sie, an welcher Station sie denn aussteigen müsse. Kurz entschlossen bin ich mit ihr weitergefahren, in der Annahme, dort schon irgendwie zu meinem Zielort umsteigen zu können.

An diesem Bahnhof angekommen, gab ich ihr meine Adresse und lud sie zu mir ein, obwohl ich sie gerade einmal eine Stunde kannte. Wir umarmten uns herzlich und versicherten uns gegenseitig des anstehenden Besuchs. Ich war glücklich über diese Begegnung.

Vom Umsteigebahnhof aus rief ich meine Freunde im Odenwald an und informierte sie über die Verspätung. Ich ging zum entsprechenden Bahnsteig und konnte nur noch sehen, wie mein Anschlusszug gerade abfuhr. Pech, aber egal.

Ich war über diese Begegnung unendlich froh. Irgendwie hatte ich den Eindruck, einen anderen Menschen gerade glücklich gemacht zu haben. Und mich dazu.

Nur wenige Wochen nach dieser ersten Begegnung besuchte mich die junge Studentin zu Hause, schon bald folgte ein Gegenbesuch von mir bei ihr im Studentenwohnheim. Unglaublich.

Eine Freundschaft zwischen zwei Menschen entstand, die unterschiedlicher nicht sein konnten. Eine andere Kultur, Sprachschwierigkeiten, unterschiedlichste religiöse Ausrichtungen, ein großer Altersunterschied.

Meine asiatische Freundin hat inzwischen einen deutschen Ehemann und einen fünfzehn Monate alten Sohn. An allen großen Ereignissen der Familie habe ich bislang teilnehmen dürfen – an der standesamtlichen und der kirchlichen Trauung in Deutschland, sogar an dem großartigen Fest anlässlich der Trauung in Vietnam mit vierhundert Gästen. Obwohl ich die älteste Teilnehmerin der deutschen Familie war, zu der ich in diesem Rahmen gehörte, habe ich alle Strapazen bestens überstanden. Ich habe es genossen. Ohne Angst vor Erkrankungen, fremdem Getier und gefährli-

chen Insekten habe ich die Reise auf Wunsch der jungen Familie angetreten. Für mich war dies ein bleibendes Erlebnis. Ich bin glücklich, dankbar und sogar ein wenig stolz, dass der kleine Benjamin inzwischen mein Patenkind ist.

Nur ein kleiner Schritt mit bedingungslosem Vertrauen auf einen fremden Menschen zu, hat zu dieser wunderbaren Beziehung geführt.

(Schweer, 2018c, S. 33ff.)

Vertrauen und soziale Unterstützung

Was passiert in Situationen, in denen Menschen die Kontrolle über die eigene Lebensführung verlieren? Weil sie von einer schweren Krankheit heimgesucht werden, den Einschränkungen des fortschreitenden Altersprozesses nicht mehr trotzen können oder sich in einem psychischen Ausnahmezustand befinden? Je stärker wir auf die Unterstützung anderer angewiesen sind, umso wichtiger wird Vertrauen als tragendes Beziehungselement, umso risikobehafteter und anfälliger ist es aber auch. Der nachfolgende Auszug der von mir verfassten Geschichte *Stilles Einvernehmen* widmet sich diesem Thema und lässt erkennen, wie sich aus einer anfangs äußerst prekären Lage für zwei nahe Verwandte eine auf Vertrauen fußende, beidseitig bereichernde Beziehung in ganz neuer Qualität und Intensität entwickelt.

Stilles Einvernehmen

Der bislang halbgesenkte Blick suchte das Gesicht seines Gegenübers und schaute dieses erwartungsvoll an.

Er hatte in den vergangenen Wochen erheblich an Gewicht verloren, seine Wangen waren eingefallen, die Beine und Arme wirkten wie angeklebte Streichhölzer an einem viel zu dünnen Oberkörper. Der regelmäßige Schnitt mit dem Rasierer gab den wenigen noch vorhandenen Haaren keine Chance zur Entfaltung. Die Stoppel auf seinem Kopf trug er ohnehin meist verborgen unter einer Basecap, die nur zu ausgewählten Anlässen durch eine schwarze Baskenmütze ersetzt wurde. Das Sitzen im Rollstuhl ließ für einen Außenstehenden die geringe Körpergröße von gerade mal einen Meter siebzig nicht erkennen. Eine große Auswölbung auf der linken Körperseite irritierte für gewöhnlich den ersten Eindruck. Ein Bruchsack,

so hatte mir der behandelnde Arzt damals gesagt. Die Folge eines nicht operierten Leistenbruchs.

Ein heftiger Schlaganfall hatte ihn aus seinem bis dahin ganz normalen Rentnerdasein gerissen. Nach einer seiner beinahe täglichen Fahrradtouren, die ihn und eine Reihe vertrauter Mitfahrer mehrere Stunden durch die angrenzenden Wälder im Oberhausener Norden geführt hatten. Er war einfach umgekippt, und die Mitfahrer dachten zunächst, das Herz würde nicht mehr mitmachen. So, als wenn man den Stecker herausgezogen hätte und keine Energie mehr fließen könnte. Meinen Onkel hatte im wahrsten Sinne des Wortes der Schlag getroffen.

Mein Lieblingsonkel, der für mich stets ein Bündel an Kraft und Gesundheit gewesen war, lag völlig hilflos und reichlich desorientiert in seinem Bett, war aber durchaus bei Bewusstsein. Sicherlich war ihm zu diesem Zeitpunkt selber überhaupt nicht klar, was mit ihm in den letzten Stunden geschehen war. Und mir wiederum war zu diesem Zeitpunkt (dem Himmel sei Dank!) keineswegs klar, dass er neben den körperlichen Einschränkungen vor allem seine kognitiven Kräfte auch in Zukunft nur noch sehr bedingt wiedererlangen würde.

Es mussten ungefähr fünf Monate vergangen sein, seit wir uns das letzte Mal gesehen hatten. Eher zufällig waren wir uns an einem Samstagmorgen auf dem Wochenmarkt zwischen Äpfeln und Kartoffeln über den Weg gelaufen. Echte Freude auf beiden Seiten. Seine grünen Augen strahlten förmlich, als er mich sah. Wir gingen spontan in das am Kirchplatz nahegelegene Café und haben uns dort sicherlich eine gute Stunde lang angeregt unterhalten.

Es machte mich traurig, ihn nun so zu sehen. Noch viel trauriger machte mich jedoch die Erkenntnis, wie wenig wir in den vergangenen Jahren voneinander gehabt hatten. Er hatte sein Leben gelebt, ich hatte meines, beide Leben hatten so wenige Berührungspunkte gehabt. Obwohl ich mich immer sehr gut mit ihm verstanden und jedes Zusammentreffen genossen hatte. Wie eben das vor fünf Monaten auf dem Wochenmarkt.

„Wir müssen uns unbedingt öfter treffen."

So oder so ähnlich hatten wir uns an diesem Tag voneinander verabschiedet und mussten beide ein wenig lachen, weil wir uns mit dieser Floskel immer wieder voneinander verabschiedeten. Hoch und heilige Versprechungen, von denen wir wussten, dass sie ohnehin wieder ins Leere laufen würden.

Für mehr als einen Moment stand ich wie angewurzelt in diesem sterilen Zimmer mit dem unverkennbaren Geruch von Krankenhaus. Dieses Versäumnis ließ sich nicht mehr aufholen.

Als Langzeitschäden blieben vor allem erhebliche kognitive Defizite, der Schlaganfall hatte meinen Onkel auf den Entwicklungsstand eines etwa fünfjährigen Kindes zurückgeworfen.

Also musste ein Betreuer her. Natürlich erklärte ich mich hierzu bereit, ohne zu wissen, was da eigentlich genau von mir erwartet wurde. In der Folgezeit kümmerte ich mich also um alle anstehenden Aufgaben; die Suche nach einem passenden Heim, die Sicherstellung der medizinischen Versorgung, finanzielle Angelegenheiten, Kündigung der Wohnung und vieles mehr. Und obwohl wir uns bereits seit über fünfzig Jahren kannten, fing unsere Beziehung quasi wieder an einem Nullpunkt an.

Zum ersten Mal in meinem Leben musste ich mich, ledig und kinderlos, um einen Menschen kümmern, der ohne Unterstützung völlig hilflos den Anforderungen (und den Gefahren) des Lebens ausgesetzt war. Ein Mensch, unfähig, wesentliche Entscheidungen eigenständig für sich zu treffen, weil er deren Konsequenzen nicht mehr abschätzen konnte. Die Welt meines Onkels war mit einem Mal eine ganz andere geworden. Diese Welt drehte sich nur um das, was ihn gerade bewegte. Ein Leben in der Jetztzeit, bei dem jedoch die Erinnerung an Dinge, die erst vor wenigen Minuten geschehen waren, schon nicht mehr in seinem Kopf präsent war. Umso wichtiger wurden fortan all die Geschehnisse, die schon sehr weit zurücklagen und an die er sich sehr gut erinnern konnte. Das Puzzle des Lebens aus den vielen Ereignissen, die den Werdegang meines Onkels geprägt hatten.

Wir führten weiß Gott keine philosophischen Gespräche über den Sinn des Lebens, über Fragen der großen Weltpolitik oder über die sich wandelnden Werte in unserer Gesellschaft. Und nichtsdestotrotz führten wir Gespräche über das, was das Leben ganz konkret ausmacht. Wir sprachen über die vielen kleinen Dinge, die meinen Onkel als Person geprägt und die seinen Werdegang begleitet hatten. Eine Reihe von Anekdoten, von denen mir manche bislang völlig unbekannt waren, und ich fragte mich zwischendurch, wieviel Phantasie sich in den Beschreibungen wohl mit der Wahrheit vermischte. Gleichzeitig erzählte ich von meinem Leben. Von dem, womit ich in meinem Beruf beschäftigt war, von meinem Sport und von meinem Zuhause. Ich merkte dabei, dass er all meine Erzählungen mit seinen Erinnerungen aus der Vergangenheit kombinierte, was zu einer Reihe witziger Situationen führte.

Mehr und mehr wurde ich zu seiner zentralen Bezugsperson. Ich spürte, wie sich mein Onkel jedes Mal freute, wenn er mich den Gang entlanglaufen und auf ihn zukommen sah. Auch das Pflegepersonal bestätigte mir immer wieder seine freudige Erwartung, wenn ich ab und an mein Kommen vorher telefonisch angekündigt hatte, um zu verhindern, dass mein Onkel nicht just zu diesem Zeitpunkt mit anderen Dingen beschäftigt war. Mit den kognitiven Defiziten gingen allerdings auch Veränderungen seines psychischen Zustands und seiner Persönlichkeit insgesamt einher. Mein Onkel brauchte Schutz und Sicherheit, er brauchte emotionale Nähe, die sich auch in körperlicher Nähe ausdrückte. In erster Linie war ich es, der in der Lage war, ihm dieses zu geben. Schutz und Sicherheit zu empfinden, Nähe zu spüren. Nachdem ich dies realisiert hatte, gestaltete sich unsere Beziehung noch einmal ganz neu. Um es genau zu sagen, ich nahm mir gezielt vor, auf diese Bedürfnisse meines Onkels, die so ganz anders waren als alles, was ich in seinem ersten Leben von ihm kannte, so gut wie eben möglich einzugehen.

Anfänglich geschah dies mit dem Ziel, dass er sich wohlfühlen sollte. Relativ schnell merkte ich jedoch, dass ich so viel zurückbekam, was ich vorher nicht erwartet hätte. An Zuneigung und an Vertrauen. Ich wurde zu seinem Felsen in der Brandung, auf den er sich hundertprozentig verließ. Ohne Wenn und Aber. Ohne jede Form der Rückversicherung.

Diese Form des Vertrauens war eine, die ich bislang in meinem Leben nicht gekannt hatte.

„Wenn du nur da bist, dann ist alles gut."

Irgendwann sagte er diesen Satz, nachdem ich ihm mal wieder versichert hatte, er müsse sich keinerlei Gedanken darübermachen, ob das alles auch in Zukunft so weiterlaufen würde. Seine Betreuung, sein Aufenthalt, sein gesichertes Leben. Ich nahm dann stets seine Hand und sagte ihm, dass alles zu seinem Besten geregelt sei. Dann lächelte mich mein Onkel an und bedankte sich bei mir.

In gut vier Wochen feiert mein Onkel Geburtstag. Seinen einundachtzigsten in seinem Leben, seinen fünften in seiner neuen Lebenssituation. Im Gegensatz zu vielen Mitbewohnern, die seit der Aufnahme in das Heim einen rasanten Abbau ihrer Gesundheit erlebten, hat sich in der letzten Zeit sein körperlicher, vor allem aber auch sein mentaler Zustand nicht bedeutsam verschlechtert. Mir ist bewusst, dass sich dies blitzschnell verändern kann. Der Negativprozess ist unaufhaltsam. Aber niemand kann sicher vorhersagen, wie er individuell verlaufen wird.

Ich versuche, mir darüber möglichst keine Gedanken zu machen und erfreue mich an allen positiven Tagen. Tagesschwankungen gibt es natürlich immer wieder. Angst habe ich lediglich davor, dass er mich irgendwann einmal vielleicht nicht mehr erkennen wird. Diese Vorstellung versuche ich aktiv zu vermeiden.

Nicht jedes Mal mache ich mich gerne auf den Weg zu ihm, das muss ich gestehen. Manches Mal ist es ein ziemlicher zeitlicher Stress, und es gelingt mir nicht immer, mich davon innerlich frei zu machen. Wenn ich aber erst einmal vor dem Pflegeheim angekommen bin, meinen Wagen auf dem viel zu engen Parkplatz abstelle und mich auf die Station begebe, erfasst mich in der Tat eine Vorfreude auf unser Wiedersehen. Es sind die vielen kleinen Momente in unseren Gesprächen, die mich bereichern. Mal nachdenklich, häufig aber auch witzig und anregend.

Vor allem aber ist es diese Erfahrung geschenkten Vertrauens, die ich erleben darf und die mein eigenes Leben bereichert.

„Wenn du nur da bist, dann ist alles gut."

(Schweer, 2018c, S. 17ff.)

Auf der Suche nach dem Gottvertrauen

Die Suche nach dem Sinn des Lebens scheint ungebrochen – und dies in Zeiten, in denen das Vertrauen in die kirchlichen Institutionen doch massiv erschüttert ist. Vielleicht trotzdem, vermutlich aber gerade deswegen. Ungebrochen ist auch die rege Nachfrage nach Angeboten von religiösen Ordensgemeinschaften, die Menschen einladen, sich mit existenziellen Fragen auseinanderzusetzen, Ruhe und Besinnung zu finden sowie sich der Auseinandersetzung mit Gott zu stellen. Der Auszug der von mir verfassten Geschichte *Der da oben wird's schon richten?* handelt von zwei Freunden, die diese Herausforderung annehmen und in ihren Tagen der Exerzitien in einem katholischen Kloster ganz neue und für sie sehr bereichernde Einsichten zur Frage des Gottvertrauens gewinnen.

Der da oben wird's schon richten?

Am Montag, ihrem letzten Exerzitientag, hatten die beiden bereits vor dem Frühstück alle Sachen zusammengepackt und ins Auto verfrachtet. Im Vergleich zum Wochenende befanden sich im Frühstücksraum an diesem Morgen nur wenige Einzelgäste. Die Wochenendkurse hatten am Sonntagnachmittag geendet, ab dem Mittag wurden die Teilnehmer für die neuen Kurse erwartet.
Wie an den drei Tagen zuvor, wurden die beiden auch an diesem Morgen von der Gästebetreuung nach ihrem Wohlbefinden befragt. Ein Ritual, das die zwei seit dem ersten Tag ihres Aufenthaltes als sehr angenehm und aufmerksam empfunden hatten.

Da Schwester Elisabeth, so der Name der älteren Dame, die allerdings einen überaus vitalen Eindruck machte, selbstverständlich bekannt war, dass die beiden Gäste nach der Morgenmesse wieder in ihren gewohnten Alltag zurückkehren würden, ließ sie sich wohl ganz bewusst etwas mehr Zeit für ein Gespräch.
Sie fragte nach ihren Erfahrungen und schien ehrlich erfreut zu sein, dass Hannes und Thomas ihr einhellig davon berichteten, doch ganz erheblich von den wenigen Tagen des Klosterlebens profitiert zu haben.

„Ich beginne, so manches aus einer ganz anderen Perspektive zu betrachten, und bin gespannt, wie sich diese Erkenntnis in meinem Alltag auswirken wird. Auf jeden Fall glaube ich, dass Sie uns beide im kommenden Jahr wiedersehen werden."
„Diese Zeit werden wir uns mit Sicherheit nehmen", ergänzte Hannes seinen besten Freund.

Schwester Elisabeth erzählte ihnen, dass bis Weihnachten noch eine Reihe von Kursen stattfinden würden, sich jedoch auch viele Einzelgäste für Exerzitien angemeldet hätten. „Und an Weihnachten und über den Jahreswechsel ist das Haus sowieso jedes Jahr voll. Da haben wir zwar nur Einzelgäste, aber die Nachfrage ist seit jeher sehr groß. Zum Teil kommen Familien mit mehreren Generationen zu uns, um diese Zeit der Stille hier zu erleben."

Vielleicht hätten sich Thomas und Hannes vor einigen Tagen darüber noch gewundert oder auch ein wenig geschmunzelt. Sylvester im Kloster statt auf einer gemütlichen Feier mit Freunden? Oder auf einer Riesenparty? Mittlerweile wunderten sie sich überhaupt nicht mehr, allerdings konnte das vermutlich nur der verstehen, der einmal selbst diese Erfahrung gemacht hatte.

Mit Worten war das schwer zu erklären. Und es hatte auch nichts mit spirituellem Zauber zu tun. Sie hatten sich gestern noch einmal nach dem Abendessen bei einer Flasche Bier über ihre Eindrücke in den vergangenen vier Tagen ausgetauscht. Beide hatten für sich mitgenommen, was eigentlich das Wesen von Vertrauen ausmachte.
Und in dieser Hinsicht hatte Bruder Markus wohl Recht, das Vertrauen in Gott folgte keinen anderen Regeln als das Vertrauen in einen guten Freund.
Es war ähnlich wie das Vertrauen zwischen Thomas und Hannes. Und damit war es greifbar. Und damit wurde Gott für sie greifbar. Das Vertrauen war einerseits zerbrechlich, in Veränderung und ein ständiger Prozess der Arbeit. Andererseits war es unerschütterlich, kraftvoll und unterstützend. Mit dieser Erkenntnis würden sie in Kürze in den Wahnsinn ihres Lebens zurückkehren. In den Wahnsinn mit seinen vielen Facetten.

Und für den ersten Advent im kommenden Jahr hatten die zwei Freunde bereits einen festen Termin. Hier in diesem Kloster.
(Schweer, 2018c, S. 198ff.)

KAPITEL 9
LITERATUREMPFEHLUNGEN

Zum Thema *Vertrauen*

HARTMANN, M. (2020). *Vertrauen – die unsichtbare Macht.* Frankfurt a. M.: Fischer.

KIRSCHNER, M. & PITTROF, T. (Hrsg.). (2018). *Vertrauen.* St. Ottilien: EOS Verlag.

SCHWEER, M. (Hrsg.). (erscheint 2020). *Facetten des Vertrauens und Misstrauens – Herausforderungen für das soziale Miteinander.* Wiesbaden: Springer VS.

SCHWEER, M. (2019). *Facetten des Vertrauens – Gedankensplitter und kurze Geschichten.* Berlin: Edition Noack & Block.

SCHWEER, M. (2013). *Vertraut Euch!* Berlin: Frank & Timme.

WERTHEIMER, J. & BIRBAUMER, N. (2016). *Vertrauen: ein riskantes Gefühl.* Salzburg: Ecowin.

Zum Thema *Selbstvertrauen*

PÉPIN, C. (2018). *Sich selbst vertrauen: Kleine Philosophie der Zuversicht.* München: Carl Hanser.

JÜNEMANN, A.-K. (2016). Selbstwert und Selbstvertrauen. In D. FREY (Hrsg.), *Psychologie der Werte: Von Achtsamkeit bis Zivilcourage – Basiswissen aus Psychologie und Philosophie* (S. 187–199). Berlin: Springer.

ZULAUF LOGOZ, M. (2012). Bindung, Vertrauen und Selbstvertrauen. *Zeitschrift für Pädagogik, 58*(6), 784–799.

Zum Thema *Gottvertrauen*

DALFERTH, I. U. & PENG-KELLER, S. (Hrsg.). (2012). *Gottvertrauen: Die ökumenische Diskussion um die fiducia.* Freiburg: Herder.

HALÍK, T. (2019). *Berühre die Wunden: Über Leid, Vertrauen und die Kunst der Verwandlung.* Freiburg i. Br.: Herder.

MÜLLER, K. D. (2013). *Vertrauen wagen: Bedeutsame Aspekte religiöser Erziehung.* Berlin: LIT.

KAPITEL 10
VERZEICHNIS VERWENDETER LITERATUR

ABELS, H. & KÖNIG, A. (2016). Krappmann: Rollendistanz, Ambiguitätstoleranz, Balance der Identität. In H. ABELS & A. KÖNIG (Hrsg.), *Sozialisation. Über die Vermittlung von Gesellschaft und Individuum und die Bedingungen von Identität* (S. 133–139). Wiesbaden: Springer VS.

AHAMMER, A., LACKNER, M. & VOIGT, J. (2019). Does confidence enhance performance? Causal evidence from the field. *Managerial and Decision Economics, 40*(6), 704–717.

AINSWORTH, M. D. S., BLEHAR, M. C., WATERS, E. & WALL, S. (1978). *Patterns of attachment: A psychological study of the strange situation.* Hillsdale, NJ: Erlbaum.

ALTMANN, U. (2010). Beziehungsregulation in Kinderfreundschaften – eine Prozessstudie zu Geschlechterunterschieden. In M. HARRING, O. BÖHM-KASPER, C. ROHLFS & C. PALENTIEN (Hrsg.), *Freundschaften, Cliquen und Jugendkulturen. Peers als Bildungs- und Sozialisationsinstanzen* (S. 105–122). Wiesbaden: VS Verlag für Sozialwissenschaften.

AQUIN, T. VON (1988). *Die Hoffnung: Theologische Summe II-II – Fragen 17–22.* Freiburg: Herder.

ARONSON, E., WILSON, T. D. & AKERT, R. M. (2004). *Sozialpsychologie* (4. Aufl.). München: Pearson.

BANERJEE, S., BOWIE, N. E., & PAVONE, C. (2006). An ethical analysis of the trust relationship. In R. BACHMANN & A. ZAHEER (Eds.), *Handbook of Trust Research* (pp. 303–317). Cheltenham: Edward Elgar.

BERTELSMANN STIFTUNG (Hrsg.). (2019). *Schwindendes Vertrauen in Politik und Parteien: Eine Gefahr für den gesellschaftlichen Zusammenhalt?* Gütersloh. Verfügbar unter https://www.bertelsmann-stiftung.de/de/publikationen/publikation/did/schwindendes-vertrauen-in-politik-und-parteien/ [26.03.2020].

BIERHOFF, H.-W. & FREY, D. (Hrsg.). (2017). *Kommunikation, Interaktion und soziale Gruppenprozesse* (Enzyklopädie der Psychologie, Band 1). Göttingen: Hogrefe.

BLUMER, H. (1969). *Symbolic interactionism: Perspective and Method.* Englewood Cliffs, NJ: Prentice-Hall.

BOER, D. & FISCHER, R. (2013). How and when do personal values guide our attitudes and sociality? Explaining cross-cultural variability in attitude-value linkages. *Psychological Bulletin, 139*, 1113–1147.

BÜHLER, C. & ALLEN, M. (1991). *Einführung in die Humanistische Psychologie.* Stuttgart: Klett-Cotta.

BUNDESZENTRALE FÜR POLITISCHE BILDUNG (2016). *Datenreport 2016. Ein Sozialbericht für die Bundesrepublik Deutschland.* Herausgegeben vom Statistisches Bundesamt (Destatis) und dem Wissenschaftszentrum Berlin (WZB) für Sozialforschung in Zusammenarbeit mit dem Sozio-oekonomischen Panel (SOEP) am Deutschen Institut für Wirtschaftsforschung (DIW). Bonn.

CHARRON, N. & ROTHSTEIN, B. (2014). *Social trust, quality of government and ethnic diversity: An empirical analysis of 206 regions in Europe* (QoG Working Paper Series: 20). University of Gothenburg.

DAK (Hrsg.). (2019). *Psychoreport 2019. Entwicklung der psychischen Erkrankungen im Job.* Verfügbar unter https://www.dak.de/dak/bundes-themen/dak-psychoreport-2019-dreimal-mehr-fehltage-als-1997-2125486.html [30.03.2020].

DALFERTH, I. U. & PENG-KELLER, S. (Hrsg.). (2012). *Gottvertrauen: Die ökumenische Diskussion um die fiducia.* Freiburg: Herder.

DALIA RESEARCH, ALLIANCE OF DEMOCRACIES & RASMUSSEN GLOBAL (2019). *Democracy Perception Index 2019: Global State of Democracy.* Verfügbar unter https://daliaresearch.com/blog/global-democracy-overview-2019/ [26.03.2020].

DAUSIEN, B. & KELLE, H. (2005). Biographie und kulturelle Praxis. Methodologische Überlegungen zur Verknüpfung von Ethnographie und Biographieforschung. In B. VÖLTER, B. DAUSIEN, H. LUTZ & G. ROSENTHAL (Hrsg.), *Biographieforschung im Diskurs* (S. 189–212). Wiesbaden: Springer.

DEBONO, A., & MURAVEN, M. (2013). Keeping it real: Selfcontrol depletion increases accuracy, but decreases confidence for performance. *Journal of Applied Social Psychology, 43*(4), 879–886.

DEVOCHT, F. (2011). The influence of seeking God in the association between religiosity and prolonged survival in liver transplant recipients. *Liver Transplantion, 17*(2), 215–216.

DICRISTINA, B. (2016). Durkheim's theory of anomie and crime: A clarification and elaboration. *Australian & New Zealand Journal of Criminology, 49*(3), 311–331.

DPA (2020a). Bischöfe rufen zu Hoffnung und Vertrauen in Corona-Krise auf. *Süddeutsche Zeitung* (vom 10.04.2020). Verfügbar unter https://www.sueddeutsche.de/panorama/kirche-muenchen-bischoefe-rufen-zu-hoffnung-und-vertrauen-in-corona-krise-auf-dpa.urn-newsml-dpa-com-20090101-200410-99-661737 [11.06.2020].

DPA (2020b). New York: Von Geisterhäusern und Gottvertrauen. *Berliner Morgenpost* (vom 29.04.2020). Verfügbar unter https://www.morgenpost.de/vermischtes/article229009441/New-York-Von-Geisterhaeusern-und-Gottvertrauen.html [11.06.2020].

EDELMAN (2020). *Edelman Trust Barometer: Vertrauen in Schieflage - Trotz leichter Erholung schauen die Deutschen pessimistisch in die Zukunft*. Verfügbar unter https://www.edelman.de/research/edelman-trust-barometer-2020 [08.06.2020].

ELSEN, K. (2018). Henning Scherf über seine Erfahrungen mit der Ahr-Region. *General-Anzeiger Bonn* (vom 07.03.2018). Verfügbar unter https://ga.de/region/henning-scherf-ueber-seine-erfahrungen-mit-der-ahr-region_aid-43684645 [23.07.2020].

ENDREß, M. (2018). Vertrauen. In J. KOPP & STEINBACH, A. (Hrsg.), *Grundbegriffe der Soziologie* (12. Aufl.). Wiesbaden: Springer VS.

ERIKSON, E. H. (2005 [1957]). *Kindheit und Gesellschaft* (14. Aufl.). Stuttgart: Klett-Cotta.

FATKE, R. (2016). *Jean Piaget: Meine Theorie der geistigen Entwicklung* (4. Aufl.). Weinheim: Beltz.

FISCHER, P., JANDER, K. & KRUEGER, J. (2018). *Sozialpsychologie für Bachelor* (2. Aufl.). Berlin: Springer.

FORSCHUNGSGRUPPE WELTANSCHAUUNGEN IN DEUTSCHLAND (fowid). (2018). *Kirchganghäufigkeit in Deutschland 1980–2016*. Verfügbar unter https://fowid.de/meldung/kirchganghaeufigkeit-deutschland-1980-2016 [10.06.2020].

GOEDEKE, K. (1849). *Elf Bücher deutscher Dichtung: Von Sebastian Brant (1500) bis auf die Gegenwart* (siebentes Buch: Goethe und Schiller). Leipzig: Hahn.

GOETHE, J. W. VON (1845). *Goethe's poetische prosaische Werke in zwei Bänden* (2. Aufl.). Stuttgart: Cottasch'er.

GESELLSCHAFT FÜR WISSENSCHAFTLICHE GESPRÄCHSPSYCHOTHERAPIE E.V. (GwG) (2002). *Verdienstorden der Bundesrepublik für Prof. Dr. Reinhard Tausch*. http://www.gwg-ev.org/cms/cms.php?textid=222 [06.02.2012].

GFK VEREIN (2018). *Feuerwehrleute, Sanitätern und Pflegeberufen schenken die Deutschen Vertrauen. Ergebnisse der Studie „Trust in Professions 2018" des GfK Vereins* (Pressemitteilung vom 21.03.2018). Verfügbar unter https://www.gfk-verein.org/presse/feuerwehrleuten-sanitaetern-pflegeberufen-schenken-die-deutschen-vertrauen [27.03.2020].

GIFFIN, K. (1967). Interpersonal Trust in the Helping Professions. *The American Journal of Nursing, 69*(7), 1491–1492.

GILBERT, B. & JAMISON, S. (1997). *Winning ugly: Mentale Kriegsführung im Tennis.* Lüneburg: zu Klampen.

GRIMM, L. (2017). *Nach dem Schmerz.* München: Piper.

GROSSMANN, K. & GROSSMANN, K. E. (2017). *Bindungen – das Gefüge psychischer Sicherheit* (7. Aufl.). Stuttgart: Klett-Cotta.

HEIL, C. (2020). Gastkommentar anlässlich der Corona-Krise. *Welt am Sonntag* (vom 22.03.2020). Verfügbar unter https://www.welt.de/vermischtes/article206695747/Wie-die-Bibel-uns-Mut-in-der-Coron-Krise-macht.html [20.07.2020].

HOLT, A. (2005). *Die Wahrheit dahinter.* München: Piper.

HOWE, D. (2015). *Bindung über die Lebensspanne: Grundlagen und Konzept der Bindungstheorie.* Paderborn: Junfermann.

HUMMELSHEIM-DOß, D. (2016). Kriminalitätsfurcht in Deutschland: fast jeder Fünfte fürchtet, Opfer einer Straftat zu werden. *Informationsdienst Soziale Indikatoren, 55*, 6-11.

HUNZIKER, A. & PENG-KELLER, S. (2009). Gott vertrauen – was heisst das? *Reformatio, 58*, 264–271.

HUTTERER, R. (1998). *Das Paradigma der Humanistischen Psychologie. Entwicklung, Ideengeschichte und Produktivität.* Wien: Springer.

JAKOBS, M. (2018). Religion und Gesundheit aus religionspsychologischer Perspektive – und was dies für die Religionspädagogik bedeutet. *Theo-Web, 17*(1), 83–100.

JAUER, M. (2020). Wird schon gut gehen, oder? Warum Vertrauen gerade in einer Zeit so wichtig ist, in der alles auf Wissen und Kontrolle beruht. *DIE ZEIT* (vom 28.05.2020).

JÜNEMANN, A.-K. (2016). Selbstwert und Selbstvertrauen. In D. FREY (Hrsg.), *Psychologie der Werte: Von Achtsamkeit bis Zivilcourage – Basiswissen aus Psychologie und Philosophie* (S. 187–199). Berlin: Springer.

KAISER, A. (2010). Vornamen: Nomen est omen? Vorerwartungen und Vorurteile in der Grundschule. *Schulverwaltung. Nordrhein-Westfalen, 21*(2), S. 58–59.

KANT, I. (1746). *Gedanken von der wahren Schätzung der lebendigen Kräfte und Beurtheilung der Beweise derer sich Herr von Leibnitz und andere Mechaniker in dieser Streitsache bedienet haben: nebst einigen vorhergehenden Betrachtungen welche die Kraft der Körper überhaupt betreffen.* Königsberg: Dorn.

KEUPER, F. & SOMMERLATTE, T. (Hrsg.). (2016). *Vertrauensbasierte Führung: Devise und Forschung*. Berlin: Springer.

KEUPP, H. (2010). Das erschöpfte Selbst- Umgang mit psychischen Belastungen. In KEUPP, H. & DILL, H. (Hrsg.), *Erschöpfende Arbeit. Gesundheit und Prävention in der flexiblen Arbeitswelt* (S. 41–60). Bielefeld: Transkript.

KICKBUSCH, I. (2006). *Die Gesundheitsgesellschaft. Megatrends der Gesundheit und deren Konsequenzen für Politik und Gesellschaft*. Gamburg: Verlag für Gesundheitsförderung.

KLEIN, C. & ALBANI, C. (2007). Religiosität und psychische Gesundheit. Eine Übersicht über Befunde, Erklärungsansätze und Konsequenzen für die klinische Praxis. *Psychiatrische Praxis*, *34*, e2–e12.

KNIES, G., MELO, PATRICIA C. & ZHANG, M. (2020). *Neighbourhood deprivation, life satisfaction and earnings: comparative analyses of neighbourhood effects at bespoke scales*. Colchester: Institute for Social and Economic Research.

KOHAUT, S. & MÖLLER, I. (2019). *Frauen in leitenden Positionen: Leider nichts Neues auf den Führungsetagen* (IAB-Kurzbericht – Aktuelle Analysen aus dem Institut für Arbeitsmarkt- und Berufsforschung). Nürnberg. Verfügbar unter https://www.iab.de/194/section.aspx/Publikation/k191115303 [26.03.2020].

KORTENDIEK, B., RIEGRAF, B. & SABISCH, K. (Hrsg.). (2019). *Handbuch Interdisziplinäre Geschlechterforschung*. Wiesbaden: Springer VS.

KRAMER, K. & SPANGLER, G. (2019). Motivationale und emotionale Entwicklung. In D. URHAHNE, M. DRESEL & F. FISCHER (Hrsg.), *Psychologie für den Lehrberuf* (S. 295–313). Berlin: Springer.

KRAUSE, N. (2015). Trust in God, Forgiveness by God, and Death Anxiety. *Journal of Death and Dying*, *72*(1), 20–41.

LAHNO, B. (2003). Gottvertrauen. *Analyse & Kritik*, *25*(1), 1–16.

LAUFER, H. (2007). *Vertrauen und Führung: Vertrauen als Schlüssel zum Führungserfolg*. Offenbach: Gabal.

LINK, E. (2019). Vertrauensinstanzen im Gesundheitskontext. In E. LINK (Hrsg.), *Vertrauen und die Suche nach Gesundheitsinformationen. Eine empirische Untersuchung des Informationshandelns von Gesunden und Erkrankten* (S. 79–136). Wiesbaden: Springer.

LOHAUS, A. & VIERHAUS, M. (2019). *Entwicklungspsychologie des Kindes- und Jugendalters für Bachelor* (4. Aufl.). Berlin: Springer.

LUCA, D. L. & LUCA, M. (2019). *Survival of the fittest: the impact of the minimum wage on firm exit.* Cambridge, MA: National Bureau of Economic Research.

LORENZ, G., GENTRUP, S., KRISTEN, C., STANAT, P & KOGAN, I. (2016). Stereotype bei Lehrkräften? Eine Untersuchung systematisch verzerrter Lehrererwartungen. *Kölner Zeitschrift für Soziologie und Sozialpsychologie, 68*(1), 89–111.

LUHMANN, N. (2014 [1968]). *Vertrauen: Ein Mechanismus zur Reduktion sozialer Komplexität* (5. Aufl.). Stuttgart: UTB.

MELTZLER, G. L. (2020). Fünf Dinge, mit denen Eltern das Selbstbewusstsein ihrer Kinder zerstören. *FOCUS Online* (vom 18.05.2020). Verfügbar unter https://www.focus.de/familie/eltern/familie-heute/selbstbewusstsein-bei-kindern-5-dinge-wie-eltern-es-unabsichtlich-zerstoeren_id_11070451.html [11.06.2020].

MOEGLING, K. & SCHUDE, S. (2015). Transparenz im Unterricht und in der Schule: eine problemorientierte Einführung. *Schulpädagogik heute, 6*(12), 1–23.

MOHR, S., GILLIÉRON, C., BORRAS, L., BRANDT, P. Y. & HUGUELET, P. (2007). The assessment of spirituality and religiousness in schizophrenia. *Journal of Nervous and Mental Disease, 195*, 247–253.

MÖLLER, K. (2017). Entwicklung und Ausmaß gruppenbezogener Menschenfeindlichkeit. In A. SCHERR, A. EL-MAFAALANI & G. YÜKSEL (Hrsg.), *Handbuch Diskriminierung* (S. 425–447). Wiesbaden: Springer VS.

MONTADA, L., LINDENBERGER, U. & SCHNEIDER, W. (2018). Fragen, Konzepte, Perspektiven. In W. SCHNEIDER & U. LINDENBERGER (Hrsg.), *Entwicklungspsychologie* (8. Aufl.). Weinheim: Beltz.

MOSCHNER, U. & SCHLICHT, J. (2018). Interpersonales Vertrauen – eine Komponente der Komplexitätsreduktion in digitalisierten Arbeitsumgebungen. In J. SCHLICHT & U. MOSCHNER (Hrsg.), *Berufliche Bildung an der Grenze zwischen Wirtschaft und Pädagogik: Reflexionen aus Theorie und Praxis* (S. 179–198). Wiesbaden: Springer VS.

MUMMENDEY, H. D. (1995). *Psychologie der Selbstdarstellung* (2. Aufl.). Göttingen: Hogrefe.

NESER, S. (2016). Vertrauen. In D. FREY (Hrsg.), *Psychologie der Werte. Von Achtsamkeit bis Zivilcourage – Basiswissen aus Psychologie und Philosophie* (S. 255–268). Berlin: Springer.

NEYER, F. J. & ASENDORPF, J. (2018). *Psychologie der Persönlichkeit* (6. Aufl.). Berlin: Springer.

Nussbeck, F., Hilpert, P. & Bodenmann, G. (2012). Der Zusammenhang von positivem und negativem Interaktionsverhalten in der Partnerschaft mit Partnerschaftszufriedenheit und Trennungsabsichten. *Zeitschrift für Familienforschung, 24*(1), 85–103.

Pardini, D., Plante, T. G. & Sherman, A. C. (2001). Strength of religious faith and its association with mental health outcomes among recovering alcoholics and addicts. *Journal of Substance Abuse Treatment, 19*, 347–354.

Parkinson, B. (2014). Soziale Wahrnehmung und Attribution. In K. Jonas, W. Stroebe & M. Hewstone (Hrsg.), *Sozialpsychologie* (6. Aufl., S. 65–106). Berlin: Springer.

Petermann, F. (2013). *Psychologie des Vertrauens* (4. Aufl.). Göttingen: Hogrefe.

Rammsayer, T. & Weber, H. (2016). *Differentielle Psychologie – Persönlichkeitstheorien* (2. Aufl.). Göttingen: Hogrefe.

Richter, C. (2017). *Vertrauen innerhalb von Organisationen: Ein soziologisches Modell.* Bielefeld: transcript.

Ritter, J., Gründer, K. & Gabriel, G. (Hrsg.). (2001). *Historisches Wörterbuch der Philosophie: Stichwort Vertrauen* (Band 11). Basel: Schwabe.

Rousseau, D. M., Sitkin, S. B., Burt, R. S. & Camerer, C. (1998). Not So Different After All: A Cross-discipline View of Trust. *The Academy of Management Review, 23*(3), 393–404.

Rosenthal, R. & Jabobson, L. (1971). *Pygmalion im Unterricht. Lehrererwartungen und Intelligenzentwicklung der Schüler.* Weinheim: Beltz.

Rotter, J. B. (1967). A new scale for the measurement of interpersonal trust. *Journal of Personality, 35*(4), 651–665.

Rotter, J. B. (1981). Vertrauen. *Psychologie heute, 3*(8), 23–29.

Schlager, S. (2020a). Kommentar zum 18. April. In Katholisches Bibelwerk (Hrsg.), *Die Bibel. Tag für Tag 2020* (S. 70). Stuttgart: Verlag Katholisches Bibelwerk.

Schlager, S. (2020b). Kommentar zum 8. April. In Katholisches Bibelwerk (Hrsg.), *Die Bibel. Tag für Tag 2020* (S. 64). Stuttgart: Verlag Katholisches Bibelwerk.

Schmid, W. (2019). Wer aus allen Wolken fällt, ist selbst schuld. *ZEIT ONLINE* (vom 26.06.2019).

Schmidt, H. (2010). Gipfelgespräch: „Sei Beispiel und Vorbild". *Mobil. Das Magazin der Deutschen Bahn, 9*, 6–14.

Schönecker, D. (2017). *Kant: Grundlegung III. Die Deduktion des kategorischen Imperativs* (2. Aufl.). Freiburg: Karl Aber.

SCHOTTLAENDER, R. (1957). *Theorie des Vertrauens.* Berlin: de Gruyter.

SCHUBERT, K. & KLEIN, M. (2018). *Das Politiklexikon: Begriffe, Fakten, Zusammenhänge* (7. Aufl.). Bonn: BpB.

SCHWEER, M. (2014). Lehrer-Schüler-Verhältnis. In W. EINSIEDLER, M. GÖTZ, A. HARTINGER, F. HEINZEL, J. KAHLERT, & U. SANDFUCHS (Hrsg.), *Handbuch Grundschulpädagogik und Grundschuldidaktik* (4. Aufl., S. 251–255). Bad Heilbrunn: Klinkhardt.

SCHWEER, M. (Hrsg.). (2016). *Bildung für nachhaltige Entwicklung in pädagogischen Handlungsfeldern. Grundlagen, Verankerung und Methodik in ausgewählten Lehr-Lern-Kontexten* (Psychologie und Gesellschaft 15). Frankfurt a. M.: Peter Lang.

SCHWEER, M. (2017a). Vertrauen im Klassenzimmer. In M. SCHWEER (Hrsg.), *Lehrer-Schüler-Interaktion: Inhaltsfelder, Forschungsperspektiven und methodische Zugänge* (3. Aufl., S. 523–545). Wiesbaden: Springer VS.

SCHWEER, M. (2017b). *Befragung von Studierenden (N = 473) an der Universität Vechta im Wintersemester 2016/2017 zum Thema „Gottvertrauen“.* Unveröffentlichte Studie.

SCHWEER, M. (2018a). Soziale Wahrnehmung im Unterricht – Grundlage pädagogischer Beziehungen. In U. HERRMANN (Hrsg.), *Pädagogische Beziehungen – Grundlagen – Praxisformen – Wirkungen* (S. 61–72). Weinheim: Beltz Juventa.

SCHWEER, M. (2018b). Evaluation der Lehre. In D. H. ROST, J. R. SPARFELDT & S. R. BUCH (Hrsg.), *Handwörterbuch Pädagogische Psychologie* (5. Aufl., S. 176–185). Weinheim: Beltz.

SCHWEER, M. (2018c). *Facetten des Vertrauens: Gedankensplitter und kurze Geschichten.* Berlin: Edition Noack & Block.

SCHWEER, M. & SCHULTE-PELKUM, J. (2017). *Psychologische Grundlagen professionellen Handelns in sozialen Berufen* (Band 1: Entwicklung und Lernen, 2. Aufl.). Berlin: Frank & Timme.

SCHWEER, M. & SIEBERTZ-RECKZEH, K. (2014). Personal, Systemic and Transsystemic Trust: Individual and Collective Resources for Coping with Societal Challenges. In G. BECKE (Ed.), *Mindful Change in Times of Permanent Reorganization. Organizational, Institutional and Sustainability Perspectives* (pp. 225–244). Berlin: Springer.

SCHWEER, M. & SIEBERTZ-RECKZEH, K. (2016). Vertrauen und Loyalität als Regulatoren intergenerationaler Zusammenarbeit. In G. BECKE, P. BLESES, F. FRERICHS, M. GOLDMANN, B. HINDING & M. SCHWEER (Hrsg.), *Zu-*

sammen – Arbeit – Gestalten: Soziale Innovationen in sozialen und gesundheitsbezogenen Dienstleistungen (S. 183–202). Wiesbaden: Springer VS.

SCHWEER, M. & THIES, B. (2003). *Vertrauen als Organisationsprinzip*. Bern: Hans Huber.

SCHWEER, M. & ZIRO, P. (2018). Vertrauen und Misstrauen im Kontext gesellschaftlicher Herausforderungen: Eine differentiell-psychologische Perspektive. In M. KIRSCHNER & T. PITTROF (Hrsg.), *Vertrauen* (S. 167–198). St. Ottilien: EOS.

SCHWEER, M., ZIRO, P. & HECKEL, C. (2019). Sicherheitserleben und -verhalten aus differenziell-psychologischer Perspektive – Theoretische Grundannahmen und ausgewählte empirische Befunde. In D. KLIMKE, N. OELKERS & M. SCHWEER (Hrsg.), *Sicherheitsmentalitäten im ländlichen Raum* (S. 251–275). Wiesbaden: Springer VS.

SELIGMAN, M. & SCHUHMACHER, S. (2015). *Wie wir aufblühen: Die fünf Säulen des persönlichen Wohlbefindens*. München: Goldmann.

SIEGLER, R., EISENBERG, N., DELOACHE, J. & SAFFRAN, J. (2016). *Entwicklungspsychologie im Kindes- und Jugendalter* (4. Aufl.). Berlin: Springer.

SIMON, B. & TRÖTSCHEL, R. (2007). Das Selbst und die soziale Identität. In K. JONAS, W. STROEBE & M. HEWSTONE (Hrsg.), *Sozialpsychologie* (S. 147–186). Heidelberg: Springer.

THIBAUT, J. W. & KELLY, H. H. (1978). *Interpersonal relations: A theory of independence*. New York: Wiley.

THOMAS, W. I. & THOMAS, D. S. (1928). *The Child in America: Behavior Problems and Programs*. New York: Knopf. Verfügbar unter https://brocku.ca/MeadProject/Thomas/Thomas_1928_13.html [14.04.2020].

ULICH, K. (2001). *Einführung in die Sozialpsychologie der Schule*. Weinheim: Beltz.

VOSS, P. & ROTHERMUND, K. (2019). Altersdiskriminierung in institutionellen Kontexten. In B. Kracke & P. Noack (Hrsg.), *Handbuch Entwicklungs- und Erziehungspsychologie* (S. 509–538). Berlin: Springer.

WATZLAWICK, P., BEAVIN, J. H. & JACKSON, D. D. (2011). *Menschliche Kommunikation. Formen, Störungen, Paradoxien* (12. Aufl.). Bern: Hans Huber.

WEBER, M. (1919). *Politik als Beruf*. München: Duncker & Humblot.

WEIGEL, T. F., HANISCH, E., BUIA, A. & HESSLER, C. (2017). Vertrauen und -Verlässlichkeit in der Chirurgie. *Der Chirurg: Zeitschrift für alle Gebiete der operativen Medizin, 88*(3), 219–225.

Weissman, A. & Zink-Kunnert, A. (2019). Organisation 4.0. In E. Erner (Hrsg.), *Management 4.0 – Unternehmensführung im digitalen Zeitalter* (S. 171–205). Berlin: Springer Gabler.

Wippermann, P. & Krüger, J. (Hrsg.). (2018). *Werte-Index 2018.* Frankfurt a. M.: Deutscher Fachverlag.

Zick, A., Küpper, B. & Berghan, W. (Hrsg.). (2019). *Verlorene Mitte – Feindselige Zustände: Rechtsextreme Einstellungen in Deutschland 2018/19* (Herausgegeben für die Friedrich-Ebert-Stiftung). Bonn: Dietz.

Zulauf Logoz, M. (2012). Bindung, Vertrauen und Selbstvertrauen. *Zeitschrift für Pädagogik, 58*(6), 784–799.

